Ursula Dorothea Damrau

Originelle Puppen

selbst gemacht

Ursula Dorothea Damrau

Originelle Puppen selbst gemacht

BLV
BLV Verlagsgesellschaft
München Wien Zürich

Inhalt

Zu diesem Buch 6

Einführung 12

Historische Tradition 12
Zeitgenössische Kreativität 17

DIE PUPPE 21

Material und Werkzeug 22
Stoffpuppen 24
Strick- und Häkelpuppen 29
Holzpuppen 35
Modellierte Puppen 40

Der Kopf 50

Kopfform und Gesicht 50
Haare 54

Der Körper 58

Rumpf und Glieder in einem 58
Rumpf und Glieder getrennt 60

Inhalt

DIE PUPPENKLEIDUNG 63

Genähte Kleidung 64

Unterwäsche 64
Oberkleidung 66
Strümpfe und Schuhe 70

Gehäkelte Kleidung 72

Unterwäsche 72
Oberkleidung 72
Strümpfe und Schuhe 75

Gestrickte Kleidung 77

Unterwäsche 77
Oberkleidung 78
Strümpfe und Schuhe 81

Gewebte Kleidung 83

Webrahmen 83
Unterwäsche 83
Oberkleidung 85

MUTTER UND KIND basteln gemeinsam 87

Register 94

Zu diesem Buch

Es ist ein verdienstvolles Anliegen von Presse, Funk und Fernsehen, über Wettbewerbe der verschiedensten Inhalte verborgene Talente ans Licht zu bringen. Die Aufgabenstellung liegt dabei meistens in kreativen Tätigkeiten, die mit einem hohen Maß an eigenständiger Phantasie einhergehen. Für solche Aktivitäten ist das »Basteln von Puppen« ein besonders geeignetes Beispiel.

Eine süddeutsche Zeitschrift forderte ihre Leser aus dem ländlichen Bereich vor drei Jahren auf, mit selbstgebastelten Puppen zu einem lohnenswerten Wettstreit anzutreten. In einer großangelegten Schaufensteraktion wurden die Exponate ausgestellt und sogar zum Kauf angeboten. Da waren Puppen zu sehen von ganz schlichter Art, daneben gab es witzige, originelle Beispiele, Puppen zum Theaterspielen oder solche für Babys und Kinder. Nicht gering war auch die Anzahl künstlerisch anspruchsvoller Kreationen. Die Gestalt gewordene Phantasie war grenzenlos.

Die große, lustige Puppenschar wurde auch vom Fernsehen entdeckt und über die süddeutschen Grenzen hinaus dem Publikum vorgestellt. Das Echo war spontanes Erstaunen über diese variantenreiche Kreativität. Eine Volkskunst war wieder, zum Teil sogar neu entdeckt, die Ideenreichtum, Humor, aber auch feinsinniges Empfinden bewies.

Bisher hatte sich die Autorin umfangreich ganz allgemein mit Puppen und seit vier Jahren fast ausschließlich mit Künstler-

Foto links
Sonderpreis: Bäuerin nach Leibl, bekleidet mit antiken Stoffen. Kopf aus Pappmaché, feinere Ausgestaltung mit Keramiplast. Gewinnerin: Die erst zwanzigjährige Susi Hoelscher-Obermaier, Ingolstadt.

Foto rechts
1. Preis im Wettbewerb »Bäuerinnen basteln Puppen« 1985: Mutter und Kind auf einer Korbbank mit wartender Handarbeit. Gewinnerin: Rosemarie Remmelsberger, Burgkirchen.

Zu diesem Buch

puppen – historischen, aber vor allem modernen – beschäftigt. Der Autorin war es eine Freude, die Grundlagen für das Anfertigen ganz einfacher Puppenmodelle zu vermitteln. Den originellen Puppen galt dabei ihr hauptsächliches Augenmerk, denn sie sind mit ihrem Witz und ihrer sinngemäßen Übertragbarkeit auf bestimmte Menschen, Situationen und Lebensbereiche am ehesten in der Lage, den Wunsch zum Nachmachen auszulösen. Dabei ist zweitrangig, ob die Puppe für einen selbst oder zum Verschenken entstehen soll.

Dieses Buch möge beim Anblick der gezeigten kleinen Kunstwerke – sie stammen von Laien und Profis – zur Nachahmung verleiten, zum Testen der eigenen Schöpfungskraft. Die Fotos und vor allem die Zeichnungen zeigen die Details, um als praktische Anleitungen für die eigene Puppenwerkstatt dienen zu können.

Die Vorbereitungen zu diesem Buch wurden durch persönliche Anteilnahme an der Arbeit und aufmunternden Zuspruch in fröhlicher Gesellschaft getroffen, wofür die Autorin ihren Freunden dankbar ist; besonders Erna Bauer, Margit Theiner, Edith (zwischenzeitlich verstorben) und Christel, Hansi Bauer und dem »bayerischen Phänomen« Georg Meller jun.

Der Verlag

1

2

Zu diesem Buch

3

4

5

Besonders gelungene Exemplare aus dem Wettbewerb

1 Klampfenspieler von Cilli Kneissl, Engelsberg;

2 Rupfenpuppe, besonders schön für den Kirchgang ausgestattet (Herstellerin nicht mehr bekannt);

3,4 Bäuerin mit Rechen (von vorn und von hinten), die jeden mit ihrer Fröhlichkeit ansteckt, von Elisabeth Künzner, Höslwang;

5 sehr hübsches Beispiel von Puppen, in Tracht gekleidet, deren Köpfe aus bezogenen Masken bestehen: »er« von Maria Rauscher, Osterhofen, »sie« von Agnes Böhmer, Breitengrüssbach.

Foto links
»Rosa«, Puppe von Anna Widmann, Aiterbach, 12. Preis.
Sie hat aus Nylonstrümpfen genähte Arme und Beine, ein Rüschenkleid und einen Schutenhut; die Materialien sind einfach und auch so verarbeitet. Aber diese Puppe hat eine ungewöhnliche Ausstrahlung, ausgehend von ihrem Kopf mit dem aufgestickten Gesicht: sie ist einfach neugierig. Sie schafft es immer, ihre Nase hervorgucken zu lassen.

Foto oben
»Kochlöffeltheater«, von Sonja Strobel, Donauwörth/Nordheim, 4. Preis.
Ganz gewöhnliche Haushaltslöffel aus Holz bekommen traditionelle Kasperle-Figuren aus Stoff und phantasievoll gemalte und geschmückte Häupter. Sie können, auf die Hand gespießt, echtes Theater machen und realistisch aufeinander losdreschen oder bei Tisch allerhand Schabernack treiben. Sie können aber auch der die Küche dekorieren.

Einführung

Historische Tradition

Puppen sind seit jeher für den Menschen, ob Kind oder Erwachsener, Begleitung im Leben und in der Antike auch im Tod gewesen. In Gräbern fand man Votiv-Beigaben in Gestalt von Menschen – also Puppen. Zu Lebzeiten waren und sind sie Spielzeug, Kamerad, Trost in traurigen, trüben Tagen und nach den Erkenntnissen der Psychologie ein willkommenes Mittel, Frust und Aggression abzureagieren. Wer kennt nicht den mutwilligen Buben, welcher dem kleinen Mädchen die Puppe entreißt und ihr aus Wut Arm oder Bein ausreißt – oder die maulende Madame, die aus irgendeinem Ärger heraus ihren Liebling in die Ecke haut und lange keines Blickes mehr würdigt. Außer diesen gefühlsbetonten Aspekten erfüllt die Puppe noch so manchen anderen Zweck: Lernen des An- und Auskleidens, behutsamen Umgang mit Sachen von Wert, zaghafte erste Nachahmung der Erwachsenenwelt beim Spiel von Mutter und Kind. Und letztlich gewinnt die Puppe für den Besitzer eine Seele, wenn sie geliebt und die Vertraute von Glück und Kümmernissen wird.

Puppen wurden von Bauern und Künstlern, Handwerkern und Hausfrauen zum Verschenken und Verkaufen gemacht. Im Mittelalter wurden sie auf Märkten feilgeboten, im Bauchladen, mit geräuschvoller Glocke, angepriesen. Im 18. Jahrhundert vor den Epochen der Drucke und Zeitschriften als Botschafterinnen der Mode hat man sie mit Sonderkurieren in Kutschen von einem europäischen Fürstenhof zum anderen gesandt. Und im 19. Jahrhundert waren sie Deutschlands schönster und erfolgreichster Exportartikel. In der Neuzeit haben Picasso und Kokoschka Puppen geschaffen. Antike Exemplare sind gefragte Sammelobjekte sowie Kapitalanlage, sie werden international angeboten und gehandelt. Und endlich gehört das lange belächelte Thema »Puppe« anerkannt zum Gebiet der Kunst.

Foto rechts
Kinderstudien von Bregenzer, II. Nähstudien. Aus: Über Land und Meer, Allgemeine Illustrirte Zeitung, 45. Band, 23. Jahrgang, Oktober 1880–1881.

Foto Seite 14
Wachspuppe aus England, Ende 19. Jahrhundert. Diese Art Gesichtchen kann als Vorlage dienen für Köpfe, die aus Cernit oder anderen Modelliermassen gemacht werden, da sich das alte und neue Material sehr ähneln.

Foto Seite 15
Papiermachépuppe aus Deutschland, 2. Hälfte 19. Jahrhundert. Beide Puppen haben von innen eingesetzte Glasaugen aus der damaligen Zeit. Mit etwas Glück und Spürsinn kann man noch alte Bestände für Puppen von heute finden.

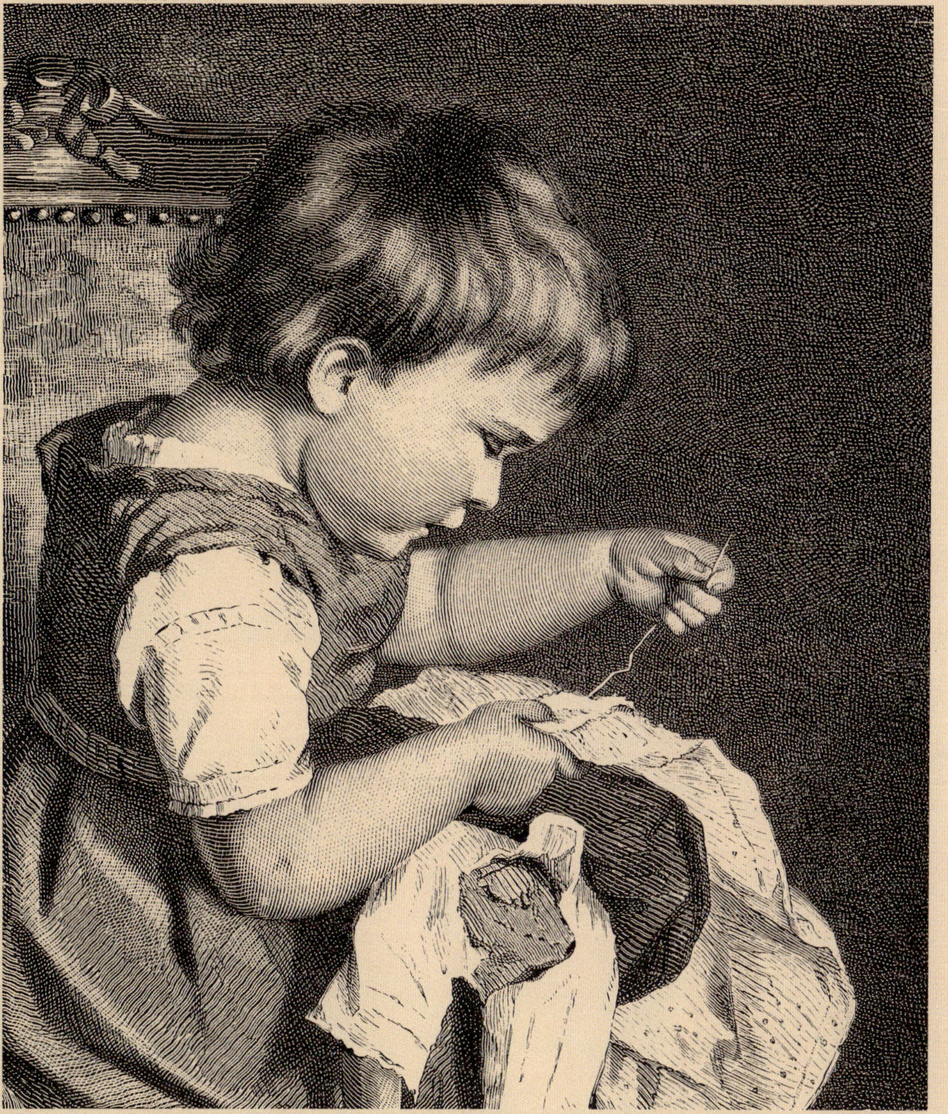

Einführung

Weihnachtsvorbereitungen: Die Eltern für die Kinder. Originalzeichnung von E. Henseler, 1886.

Wer erinnert sich nicht gerne an die aufregende Zeit vor Weihnachten, als plötzlich Puppen und deren Stuben verschwunden waren und niemand zu erklären bereit war, was mit ihnen geschehen sein könnte. Sie waren ganz einfach weg, tauchten aber zum Jubel der Kinder unter dem Weihnachtsbaum oder auf dem Gabentisch wieder auf, neu hergerichtet, verschönt und ergänzt. Dieses Spiel wiederholte sich Jahr für Jahr. Für kurze Zeit befanden sie sich im Puppenhimmel, in den Händen von lieben Verwandten, um im neuen Gewand das kommende Jahr zu verbringen. Mit wieviel Phantasie könnte nicht auch heute so mancher Liebling auf eine kurze, große Reise gehen und dann, auf irdische Ebene zurückgekehrt, mit Christbaumkerzen und Kinderaugen um die Wette strahlen.

Einführung

Zeitgenössische Kreativität

Puppen sind aktueller denn je. Wir haben wieder mehr Zeit und Interesse an allem Schönen. Durch das Fernsehen werden Ideen und Vorschläge für die eigene Freizeitgestaltung auch in das entlegenste Wohnzimmer gebracht. Durch moderne Maschinen im Haushalt haben Frauen mehr Muße, sich ihren Hobbies zu widmen. Was nimmt es da Wunder, daß man sich besinnt und wieder Beschäftigungen sucht, die in der sogenannten guten alten Zeit als ganz selbstverständlich galten. Ein zeitloses Gefühl und eine scheue Bewunderung für Kunst lenken uns zudem von den täglichen Sorgen und großen Bedrohungen von heute ab. Die wichtigsten Ursachen und Motivationen für die eigene Kreativität liegen zum einen in der Tatsache, daß der Mensch durch seine Fähigkeit Liebe auch durch Materie, wie es Geschenke sind, weitervermitteln kann, und zum andern in seiner Genialität, Gedanken durch kunsthandwerkliche Arbeit zu verwirklichen.

Fast jede Volkshochschule hält heute Kurse zur Herstellung von Puppen ab. Banken, Bastelgeschäfte und Frauenvereine schreiben Wettbewerbe aus, um die schönste Puppe zu finden. Spielwarenläden und große Kaufhausketten suchen neue Talente, um deren eigene Puppenmodelle in Serie herzustellen und so einem großen Käuferpublikum anzubieten. Im Prinzip hat sich im Kinderzimmer ja nichts geändert: Ob Puppen mit Geburtsurkunde aus Amerika oder nach einer Fernsehserie aus dem Schwarzwald – sie alle spielen die Musik und den Rhythmus des Lebens, haben eine zeitlose Aktualität und schenken ein kindliches Verzaubertsein. Überträgt doch eine Puppe immer und überall Zuwendung und berührt das Innerste im Menschen. Wer kennt schon einen Computer mit Gefühlen? Diese leuchtenden Kontraste der Jetztzeit betonen im Grunde nur den Unterschied zwischen schöpferischer Tätigkeit und einem maschinenähnlichen Dasein. In uns allen keimen Wünsche nach einem wirklichen Sinn, die nur zum Erwachen und Wachsen gebracht werden müssen. Und mit dem Mut der Dilettanten haben Puppenmacher angefangen und zuerst zaghaft ihre Erzeugnisse ausgestellt, wurden dann bewundert und manche weltberühmt. Sowohl Erstlingswerke als auch Meisterstücke werden schon heute als Antiquitäten der Zukunft gehandelt. Handwerkliches Geschick kann sich bis zur Perfektion entwickeln. Gepaart mit einem noch so geringen vorhandenen Talent und vor allem Liebe zur Arbeit, spürt man eine unwiderstehliche Ausstrahlung, die von einem Menschen zum anderen über das Bindeglied »Puppe« übergreift.

Einführung

Meisterleistungen von heute
Mit strengen, sparsamen Linien gekonnt genähte Puppen, ihrem Charakter entsprechend gekleidet und damit einen Typus symbolisierend.

Einführung

Foto links
»Kleine Leute«, von Doris Lommel, Solingen. Eine Ausbildung im Schneiderhandwerk, als Modellmacherin, Arbeiten in Modewerkstätten und Kenntnisse in Farbpsychologie haben zu diesen perfekten Kreationen geführt. Anfänglich als Zeugen der Mode, später über Karikaturen bis hin zu textilen Plastiken verwandelt.

Foto oben
»Lieblingspuppen«, nach afrikanischen und indianischen Vorbildern, von Gabriele Siegl, Nürnberg. Die Dipl.-Designerin möchte ihre Objekte eigentlich nicht als Puppen sehen, obwohl sie als solche gerade in ihrer Reduzierung die höchste Aussagekraft erreichen. Mund, Augen und Nase werden durch gerade Linien dargestellt.

Die Puppe

Material und Werkzeug

Es gibt nicht viele kreative Tätigkeiten, die mit einem so geringen Aufwand an Material auskommen, wie es für das Anfertigen von Puppen notwendig ist. Wer sich für das Arbeiten einfacher Puppen entscheidet, muß dafür nicht tief in die Tasche greifen. Doch kann auch jede einfache Puppe durch besonders akkurate Verarbeitung und Kleidung zu einer kleinen Kostbarkeit werden. Phantasie, ein wenig Geschick und Sinn für Harmonie tragen das ihre dazu bei. Hier nun die wichtigsten Materialien und Werkzeuge für die wichtigsten Grundtypen von Puppen, die Sie ohne großes Talent selbst anfertigen können:

Stoffpuppen

▷ Alle Arten von Stoff
▷ Füllmaterial zum Ausstopfen
▷ Filz
▷ Knöpfe für die Augen
▷ Stickgarn
▷ Holz- oder Kunststoffkugeln für den Kopf
▷ Wolle, Hanf für die Perücken
▷ Strick- und Häkelnadeln
▷ Nähnadeln, Nähgarn
▷ Schere

Strick- und Häkelpuppen

▷ Alle Arten von Strick- und Häkelgarnen (Wolle, Baumwolle usw.)
▷ Knöpfe für die Augen
▷ Füllmaterial zum Ausstopfen
▷ Stickgarn
▷ Stricknadeln, Häkelnadeln

Holzpuppen

▷ Jede Art von schnitzbarem Holz
▷ Holzdübel (als Meterware im Handel)
▷ Lederstreifen
▷ Leim
▷ Nylonfäden
▷ Schnitzmesser
▷ Nägel oder Stifte

Modellierte Puppen

▷ Holzmehl, Cernit, Fimo, Porcellin, Plastiform oder andere Modelliermassen
▷ Ton
▷ Sandpapier
▷ Fellreste für die Perücken
▷ Malfarben (z.B. Acryl)
▷ Mattlack

Ein »Wurstl«; Rupfenpuppe von Margret Merz, Heitersheim.
Dieser lustige Gesell und zufriedene Weltbürger, eine ganz andere Sorte von Rupfenpuppen, wurde in einem SOS-Kinderdorf entwickelt und gearbeitet – zur eigenen Freude und für den Verkauf.

Material und Werkzeug

Arbeitsanleitung

Der Rumpf wird aus Sackleinen oder Rupfen als Rechteck gearbeitet, ausgestopft und in der Taille quer durchgesteppt, damit der Bursche sitzen kann. Der Kopf besteht aus einem ca. 25×25 cm großen Quadrat und wird nach dem Füllen an der Fontanelle zusammengenäht. Diese Naht wird zusammengezogen und durch aufgenähte Hanfhaare verdeckt. Für die Gesichtskonturen werden starke Fäden durch den Kopf – von den Mundwinkeln zu den Augen – zusammengezogen. Die Nase wird aus einem geraden Stück Stoff extra zugeschnitten, zur Rundung geschlossen, an der Nasenspitze zugenäht, ausgestopft und mit groben Stichen mitten ins Gesicht gepflanzt. Die Mundfalte, die sich durch das Zusammenziehen ergibt, wird bestickt, ebenso die Augen. Arme und Beine bestehen aus Stöckchen, die fest mit Stoffen oder Watte umwickelt werden und eine Rupfenhaut als Abschluß bekommen, überwendlich von außen aufgenäht. Zum Überschlagen der Beine und Anwinkeln der Arme werden die Stöckchen in Kniehöhe und an den Ellenbogen einfach durchgebrochen. Arme und Beine werden locker an den Körper genäht, ebenso der Kopf. Für die einfache Kleidung werden gerade Teile zu Kasack und Hose verarbeitet, ein Dreieck zu einem Tuch, alles möglichst ausgefranst. Brille aus Draht, Filzpantoffeln – ab!

Stoffpuppen

Puppen aus Stoff sind durch ihre Struktur besonders gut zum Spielen geeignet. Die lieben Kleinen können sie hinsetzen, hinlegen, ganz leicht an- und ausziehen und sie – wie die Großen ihre Kinder – überallhin mitnehmen und mit sich herumtragen, ohne Gefahr zu laufen, daß sie bei einer ungeschickten Bewegung oder Unachtsamkeit beschädigt werden. Gibt man diesen Puppen im Kopf eingezogene Fäden als Haarschmuck, sind sie auch stille Opfer und Experimentierobjekte einer angehenden Friseuse. Außerdem sind diese Puppen durch vernünftige Auswahl des Materials anschmiegsam und voll waschbar. Ob Naturfaser oder Synthetik: Man sucht nur das entsprechende Programm für die Waschmaschine heraus. Die zarte Kinderseele sollte man über diesen Vorgang aber nicht informieren. Lumpenpuppen oder Flickerjulen sind schon immer die simpelsten und preiswertesten Spielgefährten gewesen, weil man nur in die Restetruhe zu greifen braucht, um das Material zusammenzusuchen. Man kann eigentlich jede Art von Stoff verwenden.

Volkskunst aus Uruguay
Dieses Beispiel zeigt, wie durch Nachahmen von Tracht und Haltung ein Land repräsentiert werden kann. Körper und Gliedmaßen sind mit Watte fest umwickelter Draht, mit Filz übernäht. Konturen ergeben sich durch geringes Auspolstern an den richtigen Stellen. Arme und Beine werden in Form gebogen und an den Körper genäht. Der Kopf besteht aus zwei runden Teilen. Gesicht und Hinterkopf werden zusammengenäht, am Haarschopf läßt man die Öffnung zum Ausstopfen. Die Kopfnaht verdeckt ein nach oben gebundenes Tuch. Augen und Mund sind oval geschnittener, aufgeklebter Filz; Augenbrauen, Wimpern, Nase und Wangen sind gemalt. Der Kopf wird am Hals an den Körper genäht. Als Bluse dient eine aufgenähte Spitzenborte, als Rock ein tellerförmig geschnittener Taft, in der Taille zusammengezogen, und als Schärpe ein Seidenband – kunstvoll geknotet. Der Rest ist pure Spielerei: Ohrringe, Kette und Armbänder, aus Perlen und Draht gebastelt; Früchtekorb, aus Bast gehäkelt und gefüllt mit Obst aus Filz, rund oder länglich ausgestopft und bemalt und an langen Stielen im Korb festgenäht. Die in Fußform gebogenen Beine sind mit rot aufgestickten Zehnägeln herausgeputzt und mit Lederstreifen als Sandalen umwickelt.

Foto Seite 26
»Peter«, von Hildegard Zwartjes, Rheine.
Glasperlen für Augen, Mund leicht eingenäht, Haare aus Wollfäden eingezogen.

Foto Seite 27
»Hexe«, von Kathy Fletcher, München.
Gekonnt durchgenähtes, zerknautschtes Gesicht durch zusammengezogene Wülste; Hanfhaare.

Stoffpuppen

Zum Ausstopfen nimmt man auch wieder Überbleibsel: Feineres wird einfach zusammengeknüllt und Gröberes zerschnipselt. Edler ist natürlich Füllwatte, aber auch teurer. Es macht doch schließlich Spaß, alte Textilien auf diese Weise noch zu nutzen. Dann braucht man nur noch Nadel, Faden und Schere, alles im Nähkörbchen vorhanden, und schon kann die Puppenproduktion beginnen.

Exklusiv gearbeitete Stoffpuppen können wie die rustikalen Rupfenpuppen reine Dekorationsstücke sein und zu hübschen, kleinen Geschenken werden, bei deren Herstellung man zwar auf Haltbarkeit, nicht aber so sehr auf Widerstandskraft achten muß. Sie eignen sich wunderbar als Mitbringsel; besonders, wenn man persönliche oder regionale Details mit einarbeitet, wie zum Beispiel Tracht oder Haarstil. Meistens reicht es, wenn man die Augen- und Mundpartie einstickt. Konturen bekommt das Gesicht, wenn der fertige Kopf von vorne nach hinten durchstochen und der Faden etwas angezogen wird oder durch festeres Zuammennähen regelrechte Wülste aufweist.

Die Kleidung kann sich an klassischen Vorbildern orientieren oder selbst ausgedacht sein. Besonders individuell ist so ein Geschenk, wenn man Stoffe verwendet, die der Beschenkte in seiner Garderobe hat.

Die Schnitteile werden bis auf die Öffnungen an Hals, Schulter, Schenkeln (je nach Schnitt) zusammengenäht, gewendet und ausgestopft. Je feiner und fester die Teile werden sollen, desto dünner müssen auch die Hilfsmittel sein: Stricknadeln für die Hände (besonders die Daumen); für den Körper genügt der Holzstiel eines jeden Küchenutensils.

Strick- und Häkelpuppen

Püppchen in dieser Machart sind die allereinfachsten in der Herstellung. Es gibt kaum jemanden, der diese Techniken nicht beherrscht. Wollreste können verwendet werden. Bunt zusammengewürfelte Farben und Garne, verschiedene Techniken fügen sich zu interessanten Mustern. Wo Bänder eingezogen werden, können Stäbchenreihen gleich eingearbeitet werden.

Arbeitsanleitung

Man strickt oder häkelt immer nur rundherum, so werden unansehnliche oder einengende Nähte vermieden. In Brusthöhe werden so viele Maschen aufgeschlagen, wie sie nach einer Maschenprobe für die gewünschte Größe gebraucht werden. Man arbeitet bis zum Ansatz der Beine so lange gerade, bis die gewünschte Rumpflänge erreicht ist. Dabei kommen kurze, dicke oder lange, dürre Kreaturen zusammen, G'wamperte oder Taillierte entstehen, wenn nach dem Ausstopfen der Körper mit einer hübschen Kordel oder einem passend gearbeiteten Gürtel in Form gezurrt wird.

In Hüfthöhe wird die Arbeit in der Mitte geteilt und in zwei gleichen Hälften als Beine fortgesetzt. Die Füße werden gerade zusammengenäht (nach dem Ausstopfen natürlich). Wer gut und gerne Socken strickt, arbeitet den Fuß wie diesen Teil eines herkömmlichen Strumpfes.

Nun beginnt man die Arbeit in der entgegengesetzten Richtung von der Brust aufwärts. Dabei arbeitet man entweder Vorder- und Rückenteil und die Arme extra, oder man schlägt die für die Arme benötigten Maschen rechts und links zu dem Leib dazu und bekommt dann angeschnittene Arme. Hierbei ergeben sich aber Nähte, die man wirklich vermeiden sollte. Besser und genauso einfach ist es, Vorder- und Rückenteil bis zum Hals getrennt zu arbeiten, die Maschen für die Arme seitlich aufzuschlagen und im Kreis zu häkeln oder zu stricken. Die Schultern werden später – erst nach dem Füllen – zusammengenäht. Ebenfalls erst nach dem Füllen werden die Enden von Armen und Beinen zu Händen und Füßen abgebunden.

Jetzt wird die Halsrundung etwa 1 cm hoch gearbeitet, um den Kopf anzufügen. Dafür nimmt man in jeder Runde in gewissen Abständen so viele Maschen zu, bis der richtige Kopfumfang erreicht ist (zwischendurch immer wieder abmessen). Dann wird einige Runden glatt hochgearbeitet, anschließend werden so viele Maschen abgenommen, bis die ungefähre Kopfform entstanden ist. Man kann natürlich auch einen einfachen Quadratschädel zaubern, der einem Roboter ähnlich ist. Das Gesicht wird aufgestickt. Es können auch Haare in derselben Wolle eingezogen weden.

Strick- und Häkelpuppen

Dieser kugelrunde Knabe besteht aus rund oder oval gehäkelten Teilen. Man fängt in der Mitte mit 3 Luftmaschen an, die zum Kreis geschlossen werden. In der zweiten, dritten und vierten Runde sticht man in jede Luftmasche 2 feste Maschen. In der nächsten Runde wird in jede zweite Masche doppelt eingestochen und so zugenommen. Dann häkelt man die Runden ohne regelmäßiges Zunehmen so weiter, bis die gewünschte Größe erreicht ist. Man sieht an der Arbeit, in welchen Runden mal mehr, mal weniger zugenommen werden muß. Der Kopf besteht aus zwei Hälften, die zusammengenäht werden. Dabei können die Ohren gleich mit eingefaßt werden. Die Ohren bestehen aus einfach oder doppelt gehäkelten Kreisen, die zusammengenäht werden – je nachdem, ob es Schlappohren oder ausgestopfte, abstehende Ohren werden sollen. Für den ovalen Mund nimmt man nur an den äußeren Kurven entsprechend zu. Der Schopf ist ein Wuschel aus eingesetzten Fäden.

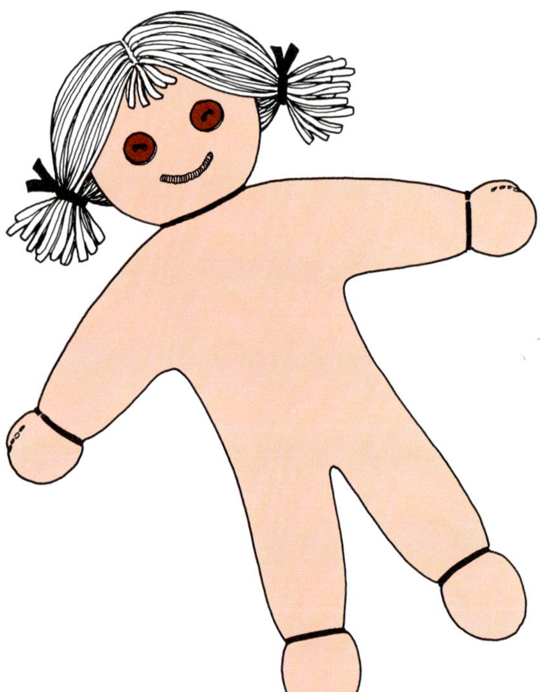

Wie in der Arbeitsanleitung auf Seite 29 beschrieben. Um die Hände und Füße gewickelte Fäden ergeben leichte Konturen. Der Kopf kann rund gearbeitet werden, wie oben angegeben, oder aus zwei Vierecken bestehen, die beim Zusammennähen am Hals eingereiht werden. Die Haare sind ganz regelmäßig in die Stiche des Kopfes eingezogen, wie deutlich auf dem Foto der »Kleinen Wolke« auf Seite 90 zu sehen ist. Sie betrachtet die große Welt durch aufgenähte Filzaugen oder durch Knöpfe. Der Mund ist ein aufgestickter Strich.

Strick- und Häkelpuppen

Die Hand ist am einfachsten zu arbeiten, wenn sie nur aus dem »Stumpf« besteht. Der Daumen kann abgenäht werden oder extra in Runden angearbeitet. Die Finger sehen niedlich aus durch Absteppen. Rotlackierte Fingernägel bekommt die Puppe durch Aufsteppen mit roten Wollfäden. Und ein Ring am Finger ergibt sich mit einem hübschen Knopf, dessen Knopflöcher unten verdeckt sind. Natürlich eignen sich Knöpfe als Dekoration nur, wenn der oder die Beschenkte keine Dauerlutscher mehr sind.

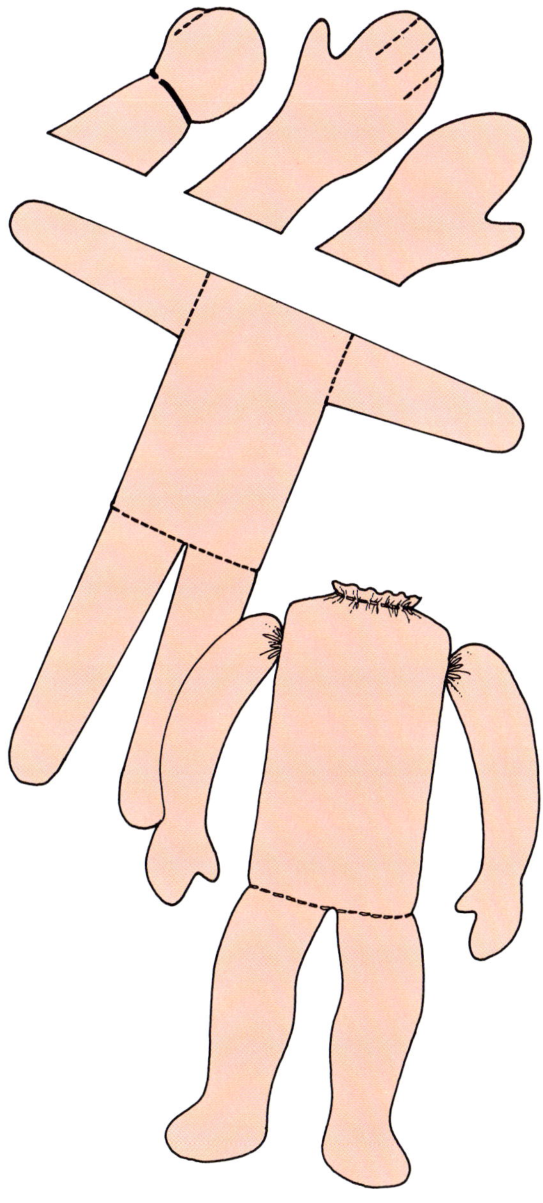

Der Körperschnitt wie beschrieben: in einem gearbeitet, Arme und Beine durchgesteppt oder extra angenäht. Einzeln gearbeitete Glieder sind viel beweglicher, wenn sie beim Annähen eingereiht werden. Die Raffung am Hals gibt dem Püppchen eine imitierte Krause.

Wer erinnert sich noch an das »Wunderknäuel«, mit dem man früher Menschen zum Handarbeiten animierte? Ein Knäuel wird um eine Süßigkeit, eine Geldstück oder irgend eine andere Überraschung neu aufgewickelt. Mit der Arbeit wächst die Neugier auf das innere Geheimnis. Mit dieser kleinen List, die auch bei Erwachsenen interessant sein kann, wird das vorhandene Interesse an Handarbeiten gesteigert.

Eine fesche Glitzerpuppe ist fast umgekehrt konzipiert: Auf ein Wollknäuel werden Perlen gezogen, die man beim Arbeiten nach einem Muster oder frei nach Gefühl mit abzieht und vor die Arbeit legt. Für das Auffädeln der Perlen braucht man selbst Geduld oder jemand, der sich langweilt.

Strick- und Häkelpuppen

Fotos Seite 32 und 33
Ivan der Fröhliche und Yvonne, seine einzige Freundin. Beide Puppen gearbeitet von Regine Kronsbein-Bunte, Bünde, nach Vorlagen aus einem Handarbeitsheft, 1975.

Ivan, Seite 32
Quadratisch gehäkeltes Gesicht, Knöpfe als Augen, gestickte Nase und Mund. Als Kopf sind an drei Seiten des Quadrats Maschen aufgenommen, zusätzlich am Anfang und Ende dieselbe Anzahl Maschen wie an einer Seite des Quadrats angeschlagen. Alle diese Maschen werden in Reihen hin- und hergehäkelt, wobei am Anfang und Ende jeweils Maschen abgenommen werden, damit sich die spitze Form ergibt, an deren Ende Schellen scheppern. Körper, Arme und Beine sind gerade gehäkelt und zusammengenäht: der Rumpf entsteht durch Anhäkeln der vorhandenen Maschen vom Kopf (3 Quadratseiten plus angeschlagene Maschen), wobei sich die Naht in der Mitte des Rückens ergibt. Am Rumpfende teilt man die Arbeit und häkelt zwei gleiche Hälften für die Beine, die innen zusammengenäht werden. Die Arme werden nach dem Ausstopfen an den Rumpf genäht. Die Rüschen an Hals, Ärmeln und Füßen werden so gehäkelt: in jede Masche der Vorrunde jeweils zwei Maschen häkeln und so viele Runden arbeiten, bis man genug Wellen hat.

Yvonne, Seite 33
Im Prinzip wie Ivan, gestrickt statt gehäkelt. Hier ist der Kopf rund und hat zu Schlaufen eingezogene Fäden als Haare.

Beide Puppen sollten nicht zu fest ausgestopft werden, damit sie kuschelig bleiben.

Im Grunde verwendet man die Arbeitsmethoden wie für Pullover oder Jacken, Hosen und Strümpfe, Mützen oder Kappen, aber eben alles zusammen in einem Stück. Muster oder Kleidungsmerkmale kann man einarbeiten oder extra arbeiten, die Farben wechseln, Knöpfe annähen oder jeglichen vorhandenen Dekorationsschmuck. Wer seiner Phantasie freien Lauf läßt, bringt die lustigsten Typen zustande.
Strick- und Häkelpuppen machen sich gut auf einer Sofaecke, sie lassen sich drapieren, können riesig oder winzig sein und, wie alle anderen Puppen, angezogen werden. Am wirkungsvollsten sind sie allerdings »nackt«, das heißt in der Urform, sie fallen durch die Wahl der Farben, Muster und Form auf. Strick- und Häkelpuppen entstehen je nach Lust und Laune und Stimmung, frech oder artig, drall und prall gefüllt, auf Figur oder schmal und lässig. Eine Karikatur mit übertriebenen Merkmalen kann besonders amüsant sein.

Holzpuppen

In diesem Kapitel dürfen die Herren mitwirken; Ehemann, Freund oder Sohn können ihre Kindheitserfahrung mit Fahrtenmessern weitergeben.
Puppen aus Holz haben die besondere Eigenschaft, daß sie in der Hand als guter Wärmeleiter die eigene Körperwärme übernehmen und so dem Kind einen lebendigen Kameraden vorgaukeln. Wenn diese Holzpuppe auch noch bewegliche Glieder hat, klappert sie kräftig bei jedem Herumschlenkern und erfreut Kinder vom Babyalter in der Wiege bis zu jener Zeit, da sie anfangen, sich zu ängstigen. Lärm ist Leben, und nicht umsonst waren viele der frühen Puppen aus Holz gefertigt, ob nun als Marionette oder Spielzeug. Holzpuppen können karg und schlicht sein, aber auch ausdrucksvoll oder übertrieben.
Eine Besonderheit sind Kniepuppen, die es im Mittelalter überall auf Märkten und bis ins Biedermeier beim hessischen Landvolk gab. Diese Holzpuppen ließ man auf einem Resonanzboden zu Musikbegleitung tanzen. Drehleierbauer Karl M. Riedel hat nach alten Stichen diese Puppen nachgearbeitet und die Sitte dieser fröhlichen Volksbelustigung für jung und alt wieder auferstehen lassen.

Arbeitsanleitung

Der Körper dieser Puppen besteht aus zwei Holzplatten (zum Beispiel 5,5 cm breit, 1,5 cm stark und einmal 6 cm und einmal 3 cm hoch). Diese werden in der Taille nach vorne angeschrägt und mit Lederstreifen zusammengeklebt. Durch die Schulter bohrt man ein Loch. Ebenso durch die Holzdübel von 12 mm Durchmesser (Meterware), die für Arme und Beine in acht gleichen Teilen von je 4 cm Länge zugeschnitten sind.

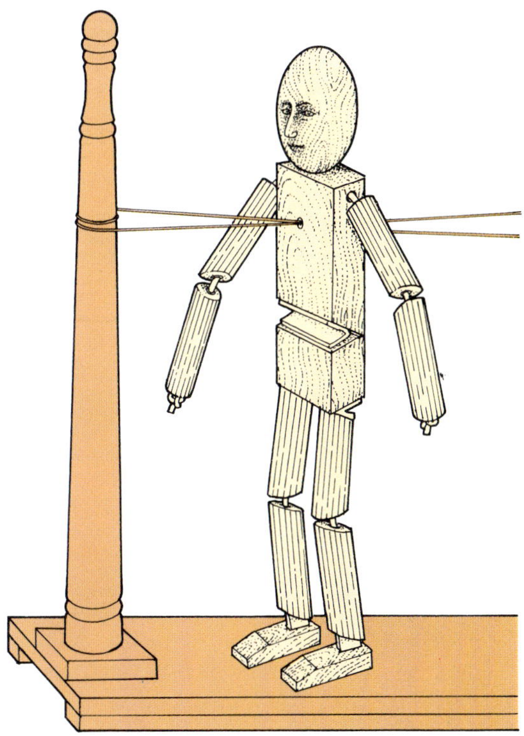

So wird die Kniepuppe zusammengesetzt und locker am Pfahl befestigt.

Holzpuppen

Zu den Fotos
Drehleierbauer Karl M. Riedel mit seinen bekannten Kniepuppen, die er tanzen läßt zu seiner Musik. Er besteht darauf, dieses Paar nicht zu verkaufen, weil er weiß, daß jeder sie nachbauen könnte, wenn er nur wollte. Denn sie sind ganz schlicht und einfach gebaut und entsprechend einfach selbst nachzumachen.
Der Charme dieser Kniepuppen besteht in ihrer Lebendigkeit, wenn sie auf einer Holzplatte (Resonanzboden) mit ihren Holzpantinen klappern und von einem Instrument begleitet werden. Der Boden, auf dem die Puppen tanzen, ist eine dicke Platte, die an einem Ende einen Pfahl trägt und auf vier Füßen steht. Durch die Brustplatten der Puppen werden Schnüre doppelt gezogen und an einem Ende fest um den Pfahl geknotet. In das andere Ende der Schnüre steigt man ein und bringt sie bis knapp unter das Knie. Durch Heben und Senken der Ferse spannt oder lokkert sich die Schnur und bringt die Püppchen in Bewegung.
Nun kommt es sehr auf das Taktgefühl und den gewünschten Schwung an: Das Paar kann mit den Füßen fest auf dem Boden bleiben und sich nur leicht hin- und herwiegen. Die Puppen können sich auf Zehenspitzen stellen, vor Freude mit den Armen um sich schlagen, Knicks und Diener machen, sich langsam wieder erheben und ein neues Spielchen beginnen (siehe Foto rechts unten). Wichtig ist nur die Übereinstimmung von Rhythmus und Bewegung.
Man braucht auch nicht unbedingt die klassische Kombination von Drehleier und Kniepuppe. Jede Musik, sogar begleitendes Händeklatschen, erweckt diese Figuren zu Leben. Feingefühl sowie Koordination von Musik und Tanz bestimmen das Schauspiel.

Holzpuppen

Diese Teile werden an den Gelenken ein wenig angeschrägt – Arme nach vorne, Beine nach hinten. Ober- und Unterarm werden im darin durchbohrten Loch und durch das Loch in der Schulter mit Bindfaden oder Nylon locker miteinander verbunden und der Faden am Ende verknotet. Die Beine werden unten für die Füße wieder angeschrägt und mit Lederstreifen verbunden.

Wenn man nun diese Holzpuppen wie Kniepuppen tanzen lassen will, gibt man ihnen Füße aus Hartholz. Diese sind durch Lederstreifen in Schlitzen und im Dübel des Unterschenkels flexibel miteinander verbunden, aber nicht durchhängend; sie sind etwas gespannter als die wild herumhampelnden Arme. Der Kopf (am besten aus Linde) ist rund oder oval und hat einfach geschnitzte Gesichtszüge. Er wird am Hals durch einen 3 cm langen 6er Dübel auf den Körper gesetzt, in den dafür gebohrten Löchern.

Diese Puppe kann ganz einfach, fast ärmlich in Lumpen gekleidet werden, die aufgeklebt oder angenagelt werden. Einfache Schnüre wie bei Mönchskutten verdecken diese Stellen.

Lederstreifen als Verbindung an den Beinen, Nylonfäden als Verbindung an den Armen.

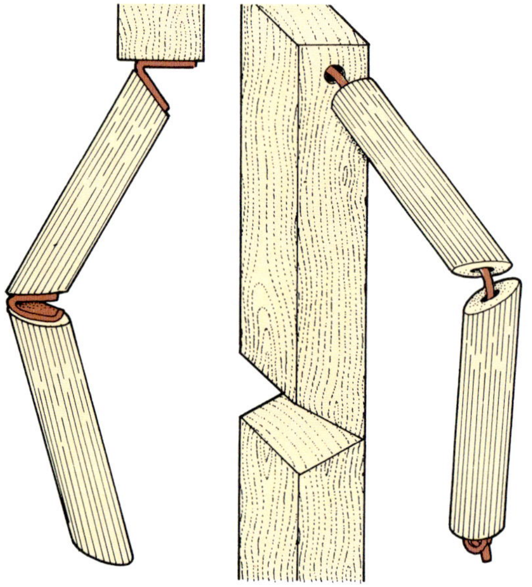

Der Fuß aus Hartholz wird am Dübelbein mit Lederstreifen flexibel verbunden.

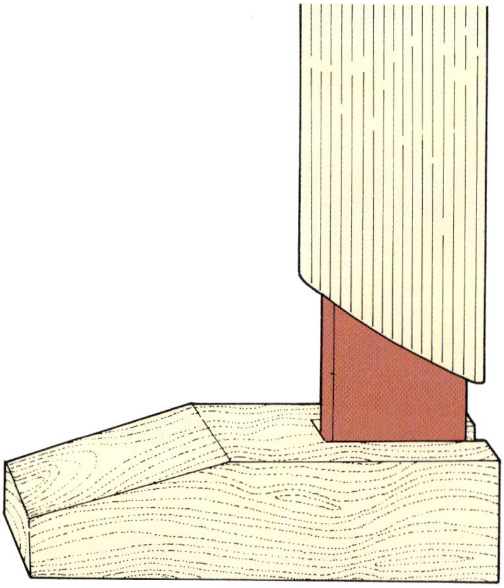

Holzpuppen

Nordamerika: Puppe aus dem 19. Jahrhundert, wahrscheinlich aus einer Quäker-Familie. Sie scheint mit sehr viel Sorgfalt für ein Kind gemacht zu sein; sie kennt viele Tricks, ist sehr beweglich und hat an einer Hand sechs Finger – ein sehr persönliches Exemplar.

Sehr seltene, aus einem Stück geschnitzte Puppe, auf einer Eisenbahnfahrt durch die Dschungel-Wildnis von Mexiko einer Indio-Frau abgeluchst. Sie saß mit einem kleinen Kind in Regen und Kälte ohne ersichtlichen Grund da, als wäre sie ein Teil dieser wilden Natur.

Modellierte Puppen

Arbeiten mit Modelliermassen

Die meisten Modelliermassen sind korrigierbar und schnell veränderlich, wenn einem die gewünschte, kalkulierte Ausdruckskraft nicht auf Anhieb gelingt. Sie sind in jedem Hobbyladen oder Bastelgeschäft mit genauester Anleitung zu kaufen; einige müssen allerdings gebrannt werden. Alles andere wiederum bringt der eigene Einfallsreichtum durch beeindruckende Einfachheit oder aufwendige Ausstattung. Diese Puppen sind wieder hübsche Gaben und bieten bei gelungener Ausführung und Ausstrahlung noch einen zusätzlichen lukrativen Nebeneffekt: Man kann sie verkaufen, da sie ungeheuer populär sind. Lassen Sie sich trotz anfänglicher Unkenrufe nicht entmutigen, denn fast alle der heute bekannten Puppenmacher sind Amateure und haben ihre Weltkarriere durch Beharrlichkeit und Erfahrung geschafft, auch wenn sich ihre Erstlingswerke als einmalige Eierköpfe entpuppten. Mit dem Tun wächst die Phantasie; man sollte sich an diese Arbeit herantasten.

Damit die Puppe nicht kopflastig, das heißt der Kopf zu schwer wird, wird die Modelliermasse auf eine Styroporkugel aufgebracht, die man in eine ovale Form drückt. Darüber legt man Alufolie, die leicht formbar ist, und versucht, eine Kopfform zu erlangen. Orientieren Sie sich auch an Skulpturen.

Foto rechts

»Frau Holle«, von Rosi Panskus, Velbert.

Der Kopf ist aus Holzmehl modelliert, das es in fast allen Bastelgeschäften und Hobbyläden gibt. Es wird vorschriftsmäßig mit Wasser angerührt und nach Wunsch und Können modelliert. Charakterzüge dürfen ruhig übertrieben sein da die besonderen Merkmale eines Kopfes hervorgehoben werden wie bei Karikaturen und zur Belustigung des Betrachters beitragen. Bei den Händen wird das Modellieren schwieriger, je mehr Ausdruck und Haltung man hineinlegen will. Aber immer wirken einzelne oder gespreizte Finger exklusiver als die einfache Faust. Durch Betrachten der anatomischen Gegebenheiten und Übung steigert sich auch die Leistung. Bei dieser Puppe sind die Unterarme und die Beine vom Knie abwärts modelliert. Eine an den Rändern eingearbeitete Rille erleichtert das Befestigen des Körperteils aus Stoff: Durch einen Saum oder Tunnel zieht man ein Band, bringt dieses in die Rille und zieht es ganz fest zusammen. Die Kanten der Stoffarme und -beine müssen natürlich etwas weiter sein als die der modellierten Teile.

Fotos Seite 42 und 43

Puppenpaar von Hilde Inderst, Ingolstadt.

Die Köpfe sind aus Holzmehl auf eine Papierkugel modelliert, die man kurz vor dem vollständigen Trocknen der Masse durch den Hals herauszieht. Solange die Masse noch etwas feucht ist, werden die gekauften Glasaugen hineingedrückt und die Lider nachträglich aufmodelliert. Dazu aufgetragene Ohren werden für Ohrringe durchstochen. Der Hals hat eine leicht anmodellierte Schulter, über welcher der Stoffbalg zusammengezogen wird.

Modellierte Puppen

Medaillen-Gewinnerin (Global Doll Society, Limburg) Rotraut Schrott, Baldham, mit fertigen Puppen und bei der Arbeit:

1 Für den Kopf wird eine Styroporkugel zuerst halbiert, dann werden zwei Seiten abgeschnitten. Das übriggebliebene Mittelteil ergibt den „Kopfinhalt". Für diese feinen Puppen sind die zusätzlichen Styroporteile, wie auf Seite 40 beschrieben, nicht notwendig.

2 Fertige Modelliermasse (hier Cernit) wird weich geknetet.

3 Das Styroporteil wird mit Alufolie bedeckt und die Modelliermasse daraufgedrückt. In verschiedenen Schichten wird der Kopf fertig modelliert.

Modellierte Puppen

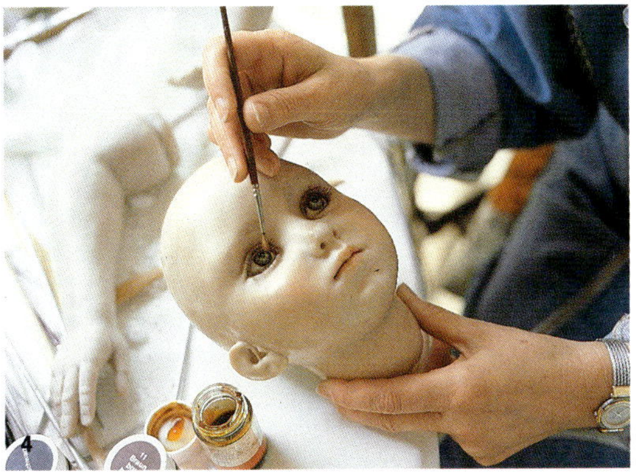

4 Mit Acrylfarben werden die Augen gemalt.

5 Um den Fingern einen besseren Halt von innen zu geben, modelliert man sie um einen Fünf-Phasen-Draht. Fältchen werden mit einer Stricknadel eingeritzt.

6 Zum Nachmodellieren und eventuellen zusätzlichen Trennen der Finger nimmt man einen Holzspatel.

7 Die Unterschenkel sind um ein Kabel modelliert. Zehnägel werden wie die Fingernägel mit einer Stricknadel eingedrückt, wie bei der Maniküre wird die Nagelhaut hochgeschoben. Unterschenkel und -arme bekommen am äußeren Rand eine Rille, in welche der Saum der Stoffglieder gelegt und durch das darin befindliche Bändchen zusammengezogen wird.

Modellierte Puppen

Der Hals kann in einem Stück mit dem Kopf modelliert werden, um eine Büste und somit eine Standform zu erzielen. Jetzt wird der Kopf mit der Modelliermasse ca. 1/2 cm dick überzogen, indem man die Masse gleichmäßig aufträgt und mit etwas Wasser glättet. Die Augenhöhlen werden eingedrückt. Der Kopf muß nun gut durchtrocknen. Erst jetzt wird das Gesicht modelliert: für Wangen, Kinn und Nase nimmt man wieder Styroporkugeln, die halbiert und mit der Modelliermasse gut an den Kopf modelliert werden. Wieder gut durchtrocknen lassen. Nach diesen Arbeitsgängen kann man den Kopf zusätzlich noch schnitzen und schleifen, um ihm eine besonders glatte Oberfläche zu geben. Bei dieser Arbeit entsteht feinster Staub, und es empfiehlt sich, dafür eine Maske zu tragen – wie übrigens auch beim Ausstopfen der Puppen, wenn man teuren Kapok nimmt.

Sylvia Natterer, München, beim Schleifen ihrer eigenen Puppenmodelle aus Porzellan.

Für die Bemalung sind alle handelsüblichen Farben möglich, zum Beispiel Acryl, Plaka usw.

Für die Bekleidung kann wieder die Restekiste herhalten, denn je bunter die Schar wird, desto fröhlicher stimmt sie.

Arbeiten mit Ton

Wer bereits mit Ton umgehen und töpfern kann, sollte sich an eine Keramikpuppe wagen. Hierzu gehören allerdings Vorkenntnisse mit dem Material Ton, dem Modellieren, Bemalen und Brennen. Puppen aus Ton sind besonders eigenwillig und schön, aber zerbrechlich. Nicht umsonst stehen die wenigen vorhandenen präkolumbianischen außer Reichweite, in jeder Hinsicht. Aber warum sollte ein begabter Töpfer nicht seinen Beitrag für eine kleine Ewigkeit versuchen? Vielleicht liegt hier Ihre historische Chance!

Foto rechts

Tonpuppe, auf einem Isarkiesel thronend, von Christl Amediek, München.

Einfach, aber eindrucksvoll aus Ton geformt; Arme, Beine und Kopf durch Draht mit dem Körper verbunden; Augen und Mund zart modelliert und eingeritzt; Haare gemalt.

FH

Modellierte Puppen

Das Töpfern kann man heutzutage schon fast überall erlernen. Und dann braucht man nur noch das Material, seine Inspiration, ein wenig Talent und die notwendige Technik in Form eines Brennofens.

Gewöhnlicher Ton in der Grundfarbe wird zu einer Kugel geformt und vom Hals her mit einer Schlinge bis auf ca. 1/2 cm Stärke ausgehöhlt; Bart, Augenbrauen und die Nase werden geformt. Auch die Haare können geformt werden oder separat geflochten, aufgesetzt und mit einem Zahnstocher nachgeformt. Nach drei Wochen Trocknen kann der Kopf gebrannt, mit Aquarellfarben bemalt und seidenmatt lackiert werden. Die Augen kann man entweder malen, was sehr viel Erfahrung erfordert, oder ausstechen und nur den Innenrand blau oder braun ausmalen.

Bei allen modellierten Puppen kann man sich mit einigen anatomischen Kenntnissen auch an Hände und Füße wagen.

Foto links
»Bauer Ferdinand und seine Kathi«, von Ulrike Seiz, München.
Puppen mit Stoffkörpern; Kopf, Unterarme und -beine, Hände und Füße aus Ton.

Der Kopf

Kopfform und Gesicht

Ob nun die Puppen genäht, geschnitzt, modelliert oder gestrickt werden: die Kopfform bestimmt den späteren Charakter und Ausdruck. Auf genaue Anatomie kommt es nicht so sehr an wie auf die Ausstrahlung und das Gelingen.

Die genähten, gestrickten und gehäkelten Puppen erhalten ihre Gesichtszüge durch Aufsticken und evtl. zusätzliche Abnäher und aufgenähte Nasen und Augen (Knöpfe oder Glasperlen). Man sollte etwas experimentieren und sich nicht scheuen, mehrere Modelle anzufertigen, ehe man ungefähr das Gesicht bekommt, das man sich vorgestellt hat. Durch Anfertigen von Zeichnungen werden die erstaunlichsten Gesichtsausdrücke gefunden: überrascht, fröhlich, betrübt, verschlafen, sorgenvoll mit Kummerfalten, verschmitzt oder böse.

Die geschnitzten Puppen können karg ausfallen; hier zählt mehr die Beweglichkeit.

Beim Modellieren entsteht das Gesicht während der Arbeit unter den Händen. Ein ganz einfacher Trick: Man schließe die Augen und erforsche mit den Fingerspitzen die eigenen Gesichtskonturen. Dabei entdeckt man sehr schnell die Hügel und Vertiefungen, und die eigenen sensiblen Hände werden diese Entdeckungen auf die zu modellierende Masse übertragen.

Sehr erstaunt: oval aufgestickte Augenränder, zusätzliche Wimpern, die Pupille darf nicht bis zum Rand gestickt werden. Offener Mund, zwei Striche für die Nase und Augenbrauen.

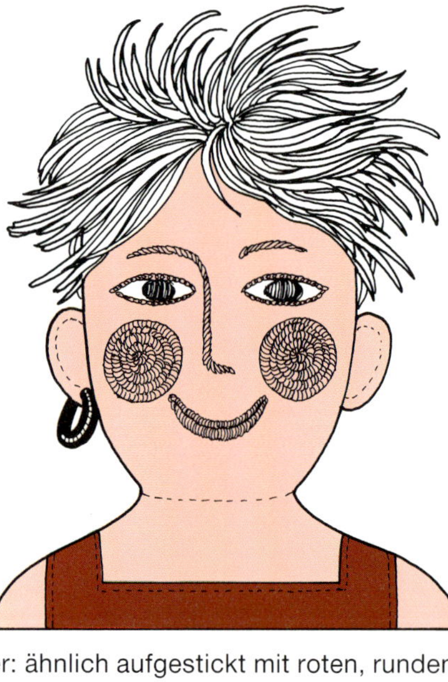

Heiter: ähnlich aufgestickt mit roten, runden Apfelbäckchen oder separat gehäkelt und appliziert.

Der Wurstl von Seite 23: Augenkonturen zuerst als Rand, dann voll ausgestickt mit zusätzlichen weißen Flecken oben als nachempfundener Lichtreflex.

Die Träumende: eine untere Augenkontur, an die Schlaufen gehängt sind; volle Lippen und selig nach oben gezogene, schmale Mundwinkel; kurze Augenbrauen und Stupsnäschen – ganz rund.

Diese Hausfrau hat genug und ist nur karg geschminkt: gemalte Striche simulieren das Ende eines langen Tages.

Die Sommersprossige: verstreut aufgenähte Knoten bei Stoff oder gemalte Pünktchen; zwei weiße Karrees zeigen Zähne.

Gesichtsformen

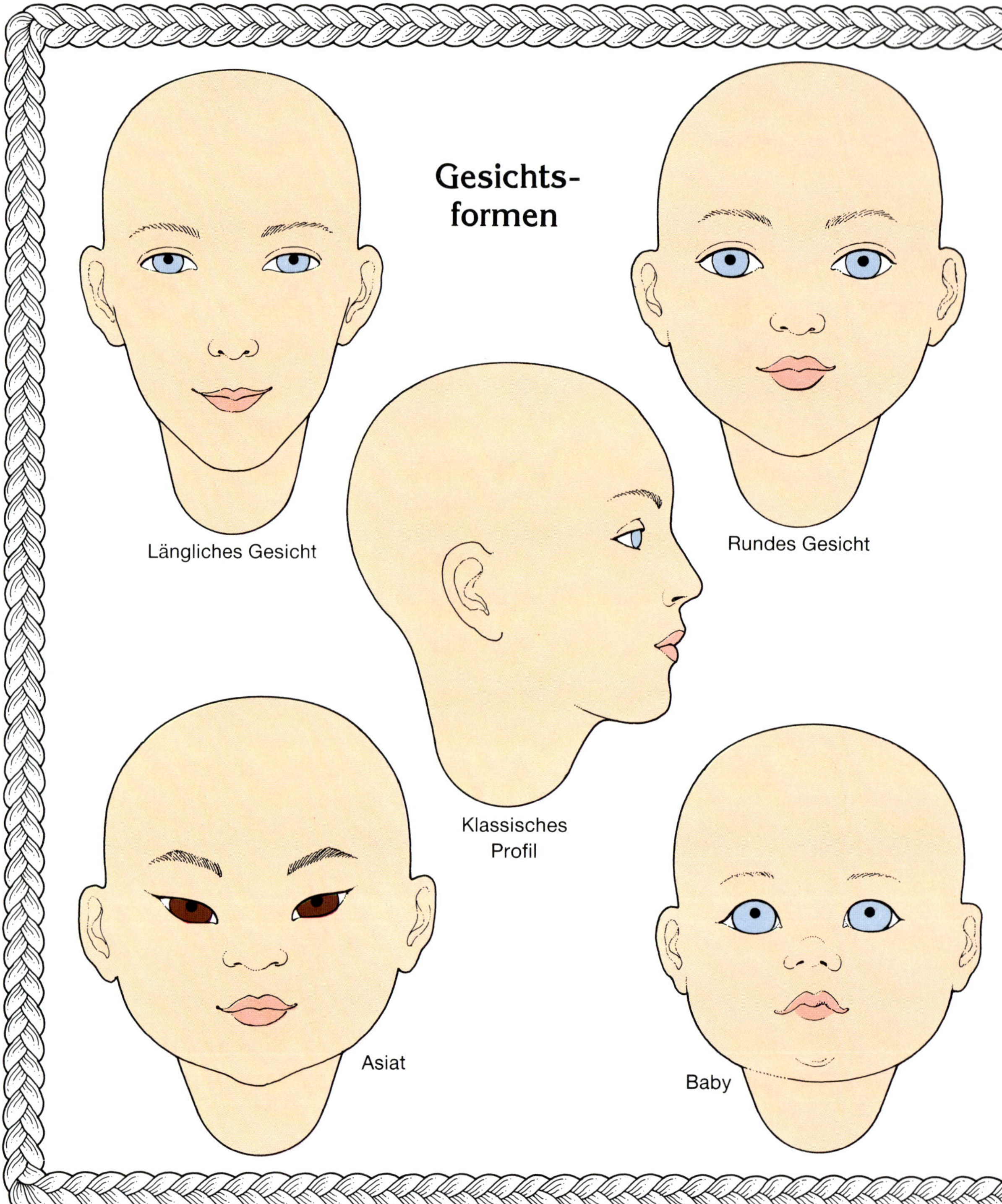

Gesichts-ausdruck

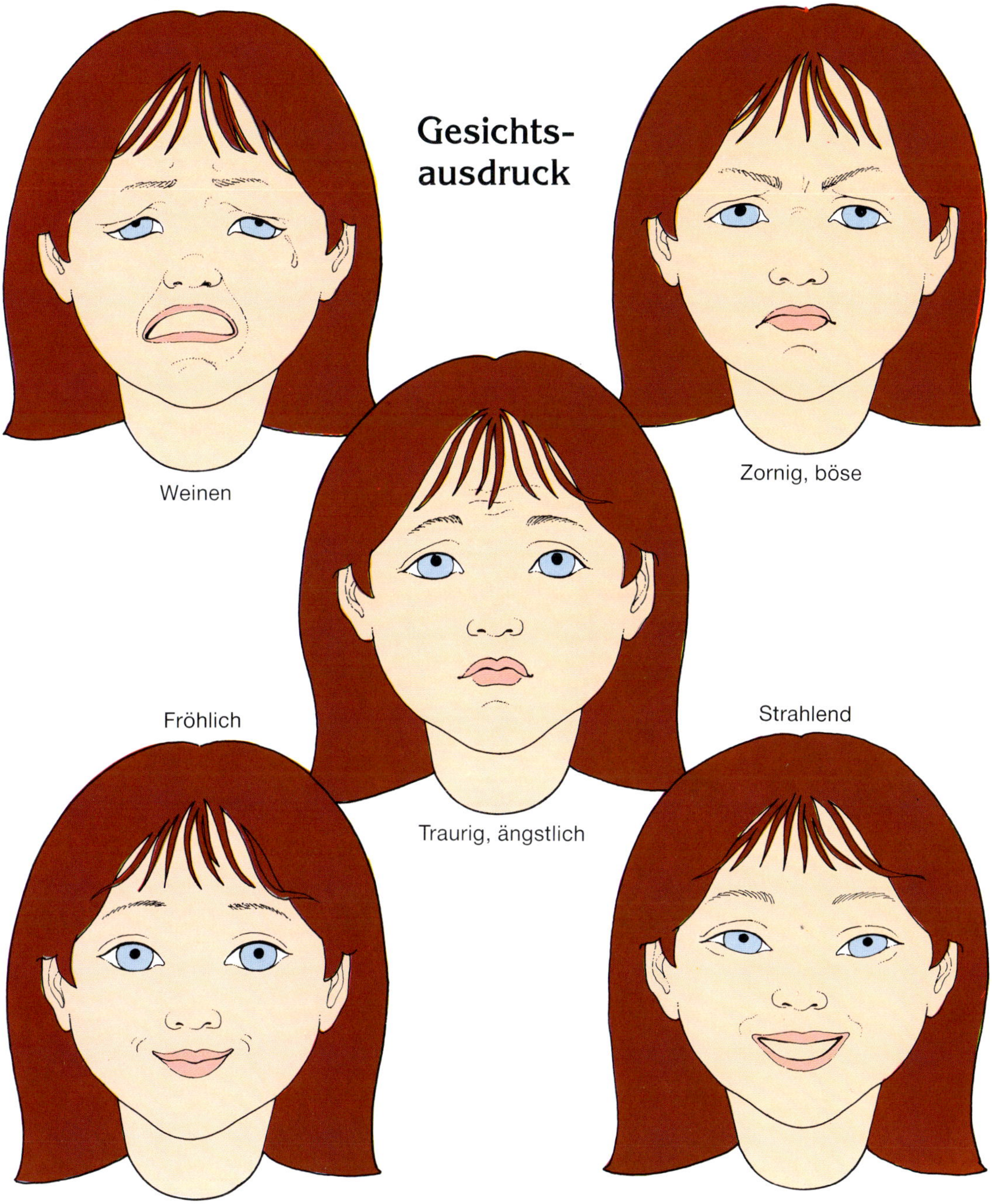

Der Kopf

Haare

Je nach Bestimmung der Puppe werden die Haare bzw. Frisuren praktisch oder dekorativ gewählt. Fertige Perücken kann man kaufen oder sie selbst aus alten Haarteilen zurechtschneiden und aufkleben. Fellreste, in Form und nach Frisur zugeschnitten, sind besonders individuell, weil man vom Lamm für den Krauskopf bis zum Kunstpelz für den Langhaarigen alles verwerten kann. Sogar ein bunter Punker mit Hahnenkamm kann aus verschiedenen Pelzresten kombiniert werden. Einfach sind in die Puppenkopfhaut eingezogene Wollfäden, die man zu einem Pony stutzen, zu Zöpfen flechten oder als Haarkranz um den Kopf legen kann; endlose Möglichkeiten. Noch einfacher: Fäden (besonders kindlich-struppig sieht auch Hanf aus) nur einmal aufsteppen, als Scheitel sozusagen auf der Seite oder in der Mitte.

Von links: Zu Zöpfen geflochtene Wollfäden; Puppe von Christa Mühlbauer, Weiden. Fellimitation; Puppe von Lotte Sievers-Hahn, Brokkel. Lammfell; Puppe aus dem 19. Jahrhundert.

Der Kopf

1 Fäden werden am Scheitel (in der Mitte, rechts oder links) regelmäßig eingezogen und zu Frisuren (Seite 56/57) gelegt, entweder als Zöpfe (zwei oder à la Mozart, Schnecken oder »Affenschaukeln«) oder offen.

2 Über die ganze Kopfhaut werden Fäden mit einer Häkelnadel als Schlaufen unregelmäßig eingezogen. Die Länge der Fäden kann auch unterschiedlich sein. Hübsch sieht es aus, wenn über der Stirn ein wuscheliger Pony steht.

3 Fellreste werden in der ungefähren Größe des Kopfes zugeschnitten, Keile herausgeschnitten, je nach Paßform, aufgeklebt und an den Rändern leicht festgenäht.

Kurzhaarfrisur
(aufgenäht) mit
Strubbelpony
Schnecken
Klassische
Einschlagfrisur
Tonsur
Pagenkopf

Frisuren

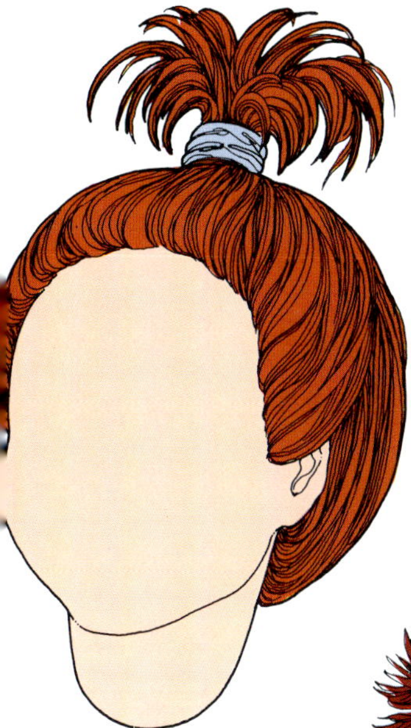

Hochfrisur
(aufgenäht)

Zöpfe
mit Pony

»Mecki«

enschaukeln
mit Tolle

Pferdeschwanz
über offenem Haar

Der Körper

Rumpf und Glieder in einem

Hier ist für alle beschriebenen Puppen ein einfacher Körperschnitt, der auch ohne große Erfahrung leicht nachvollziehbar ist. Danach werden die Teile zweimal zugeschnitten und bis auf den Hals zusammengenäht, gewendet und ausgestopft. Will man eine besoners stabile Kopfhaltung, schiebt man in die Halsöffnung eine Kartonverstärkung. Dafür kann man jede Art von Papphülse zurechtschneiden, z.B. von Küchenkrepprollen. Der Hals wird dann mit dem Kopf (Stoffpuppen) zusammengenäht.

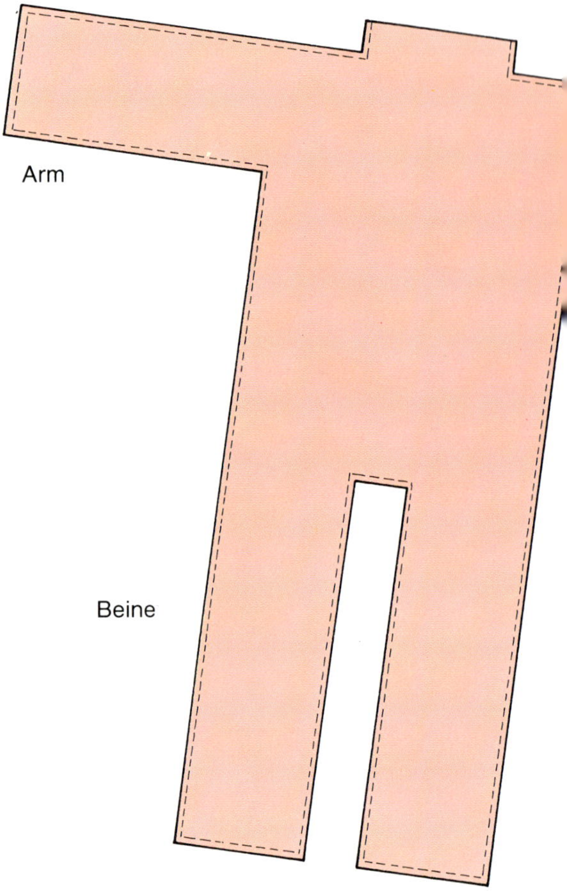

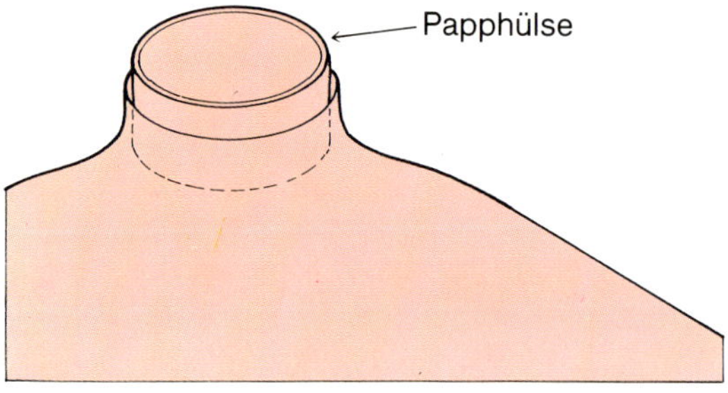

Eine steife und eine weiche Form für Körperschnitte. Bei beiden können die Hände und Füße abgebunden und nachträglich durchgesteppt werden. Die Taille kann nach dem Ausstopfen mit einem Band oder mehreren Fäden umwickelt und so in Form gebracht werden.
Die Papphülse (links unten) wird vor dem Ausstopfen in die Halsöffnung geschoben, wobei man oben einen Stoffrand zum Annähen des Kopfes läßt.

Der Körper

Körperschnitte

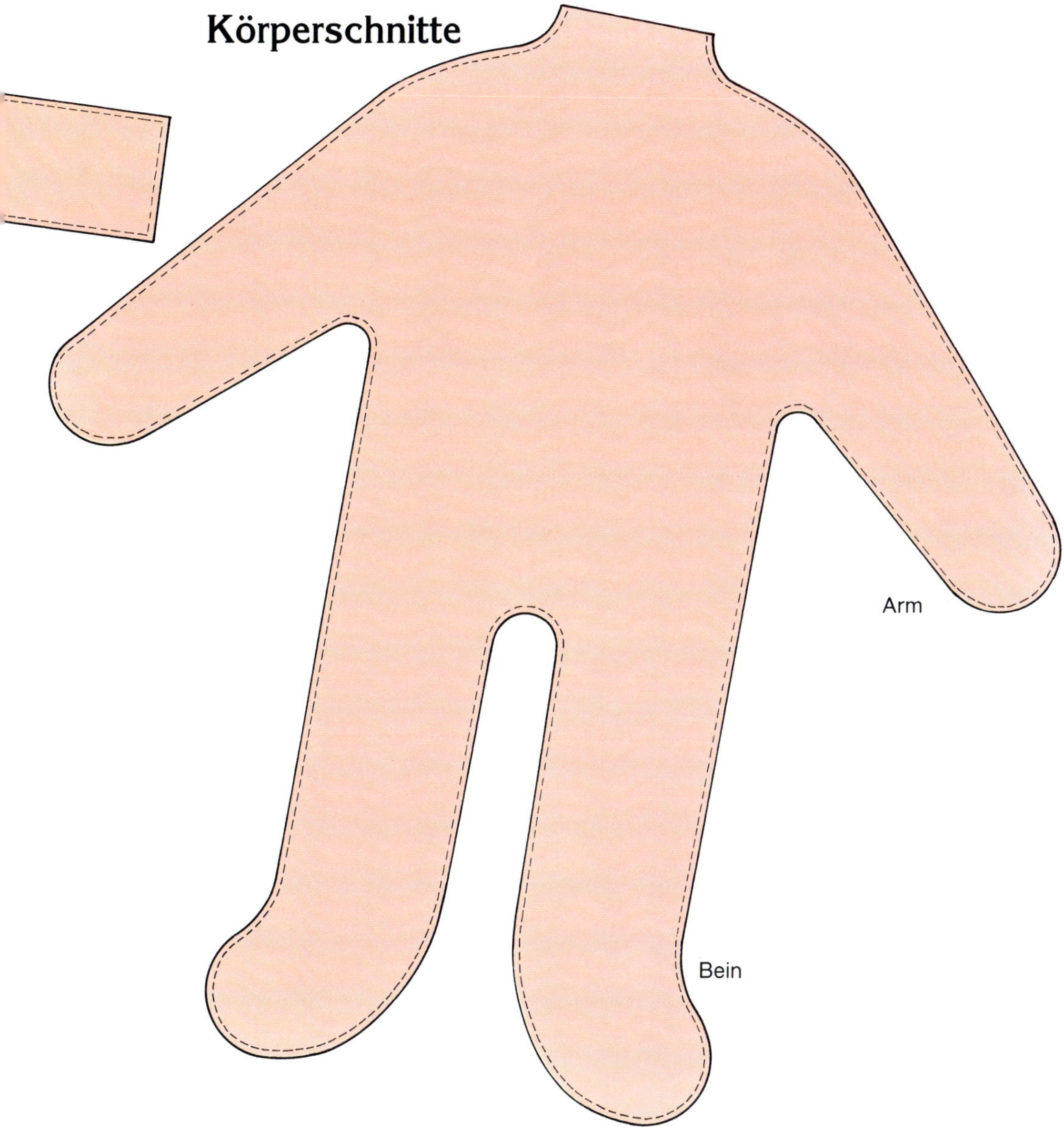

Der Körper

Rumpf und Glieder getrennt

Der Körper selbst sieht aus wie eine Geigenform, ist also unten etwas ausladend. Arme und Beine bestehen aus Schläuchen, die von oben nach unten etwas schmaler werden; sie bleiben oben offen. Hände (wie bei allen anderen Puppen: Fäustlinge oder abgesteppte Finger) und Füße werden extra zugeschnitten und angenäht oder einfach angeklebt (die spätere Kleidung verdeckt ja die Klebstellen). Die Proportionen sind leicht zu bemessen: die Arme reichen bis zum Schritt des Körpers, die Beine sind etwas länger als die Arme. Für Ellenbogen und Knie kann man zur besseren Beweglichkeit zwei Nähte im Abstand von 1/2 cm nähen. Arme und Beine werden dann ober- und unterhalb dieser Nähte leicht ausgestopft und etwas schräg an den Körper angesetzt (beim Nähen des Körperteils mitfassen oder 1/2 cm umlegen und überwendlich annähen). Bei modellierten, geschnitzten oder getöpferten Köpfen wird der Körper am Hals mit einem Bändchen, das in einem Saum steckt, an den Kopf angesetzt. Je nachdem wie fest man dieses Bändchen zieht, kann man den Kopf auch seitlich bewegen. Diese Köpfe sollten für das Bändchen eine Rille haben.

Für diese Körper besonders gut geeignet ist altes Bettzeug.

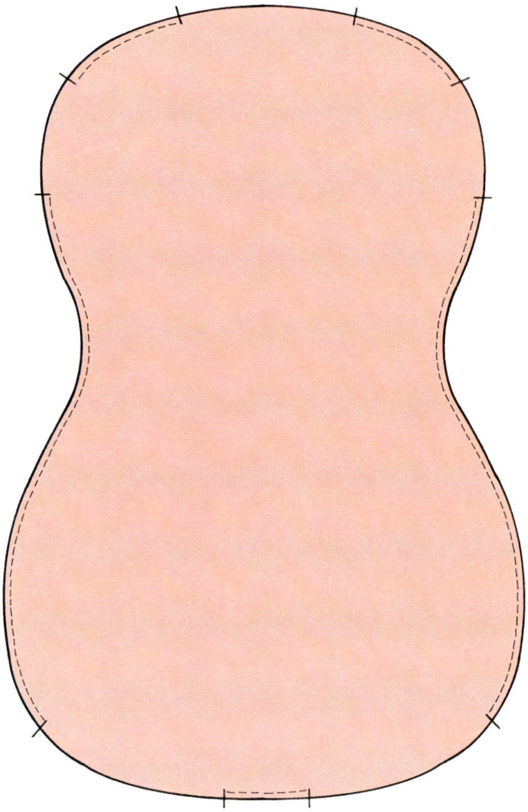

Körper in Geigenform

Der Körper in Geigenform mit den entsprechenden Öffnungen für Arme, Beine und Kopf.
Der Arm mit der durchgesteppten Linie am Ellenbogen. Er schlenkert besser, wenn er vor dem Annähen an den Körper angekräuselt wird.
Bein mit und ohne Fuß. Es kann wie der Arm gerade oder gekräuselt angenäht werden.

Der Körper

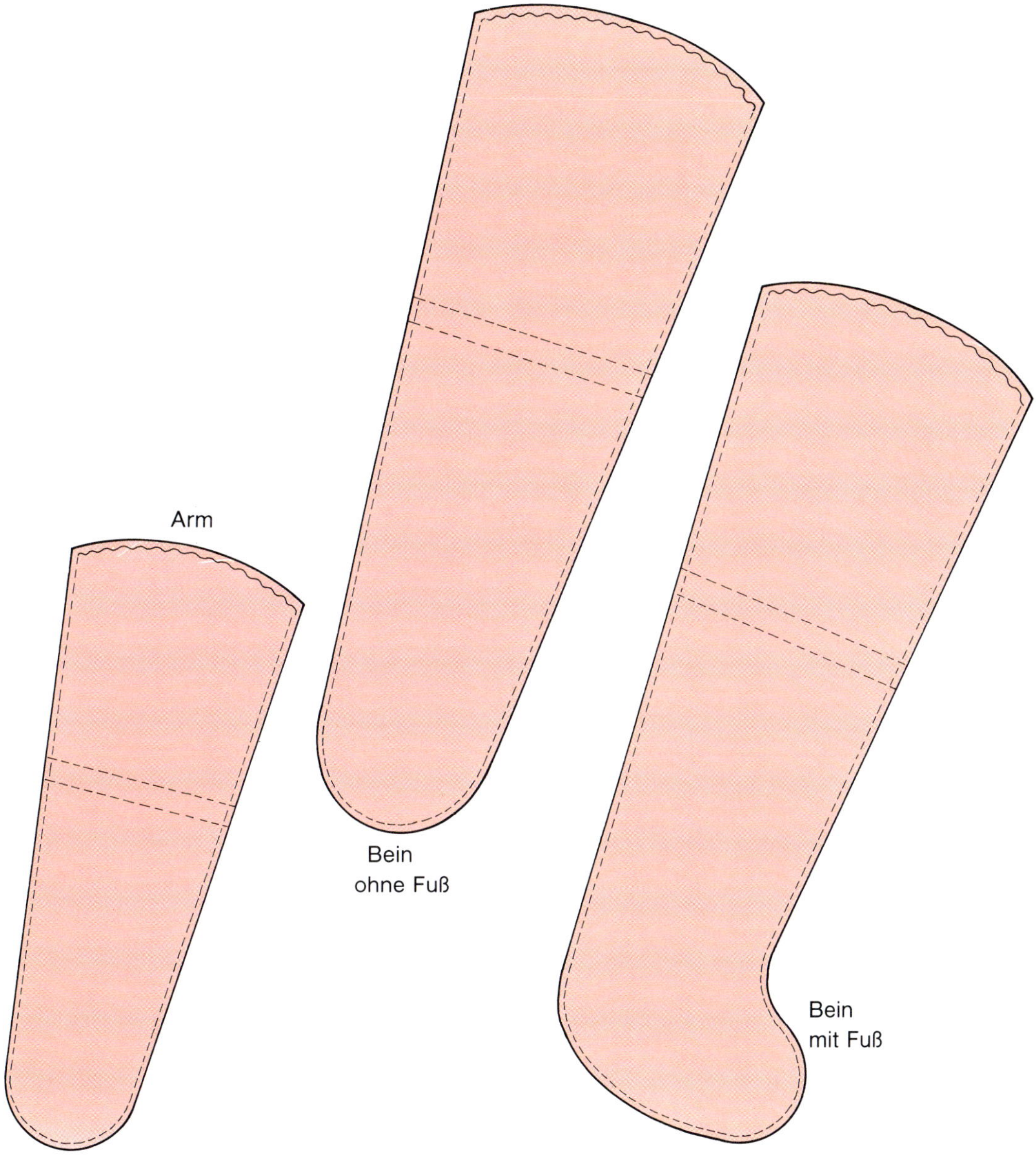

Die Puppen-
kleidung

Genähte Kleidung

Unterwäsche

Hemdchen und Höschen

Für Hemdchen und Höschen eigenen sich am besten dehnbare Stoffe, z.B. Jersey. Alte Unterwäsche aus gerippter Baumwolle eignet sich auch gut dafür, wenn man die schadhaften Stellen wegschneidet. Die Kanten beim Hemd kann man farbig umhäkeln, wenn man den Stoff nur einmal umschlägt. Sonst wird gesäumt. Zum leichteren An- und Ausziehen versieht man die eine Schulter mit einem flachen Knopf und Knopfloch. Die Hosen erhalten am oberen Saum ein Gummiband, an den Beinlingen Säume oder ebenfalls Gummidurchzug, wenn man weite Pumphosen nähen will.

Unterrock

Der Unterrock ist ein gerades Stück Stoff, das oben angekraust wird und ein Bündchen bekommt. Knopf und Knopfloch oder Druckknöpfe werden als Verschluß angebracht. Unten kann man ihn mit hübschen Spitzen verzieren, zusätzlich mit Biesen, Hohlsaum oder Stickerei. Sehr effektvoll und zeitsparend: Gut erhaltene Häkelborten von alten Taschentüchern werden im Stoff abgeschnitten und farblich passend mit Zierstichen aufgenäht oder als Abschluß angenäht. Auf den Rock abgestimmt, darf diese Arbeit ruhig hervorblitzen.

Foto rechts
Zwei verschiedene Hemdchen (oder Unterröcke): einmal oben in der Mitte leicht angekraust, einmal ganz gerade geschnitten; beide oben mit Spitze verziert. Einfach und effektvoll sind Träger aus alten Borten oder Bändern. Nimmt man vorhandene Reste von alter Unterwäsche, erspart man sich Arbeit mit dem Säumen, wenn die Kante des Stoffes den oberen Abschluß bildet. Beim Hemd ist der untere Saum nicht so wichtig, weil er sowieso versteckt wird. Hübsche Bordüren an alten Textilien werden also einfach auf den Kopf gestellt und bilden so die Zier eines Trägerhemdchens.

Höschen: Weit geschnitten aus zwei gleichen Teilen, die mit zwei Seitennähten geschlossen und im Schritt als Bogen zusammengenäht werden. Hübsche Kanten von alter Wäsche können hier den Abschluß an den Beinen bilden, ob nun an kurzen oder langen Unterhosen.

Zwei verschiedene Unterröcke: in der Taille angekraust, mit Spitzen am oberen und unteren Rand; rotkarierter Halbrock mit Spitzenrüsche. Nostalgisch wirkt für alle Unterröcke die früher beliebte, geblümte oder karierte, verblichene Bettwäsche.

Das rote Wäscheband aus den dreißiger Jahren ist ein gutes Beispiel dafür, wie jedes Stückchen Stoff als Dekoration dienen kann – ob nun als Träger oder Bordüre.

Genähte Kleidung

Oberkleidung

Kleidchen oder Bluse

Ganz einfach zu nähen ist ein Kasack, ein schlichter Hänger ohne oder mit angeschnittenen Ärmeln. Allein die Länge bestimmt darüber, ob daraus ein Kleidchen oder eine Bluse werden soll. Der Schwierigkeitsgrad wird mit eingesetzten Ärmeln größer. Zieht man durch einen breiteren Saum an den Ärmeln und am Hals ein Bändchen, erhält man damit einen verdeckten Abschluß bei nicht so perfekt gelungenen Hals- und Gliederansätzen des Körpers. Wenn man den Saum 2 cm breit näht und nach 1 cm vom Rand noch einmal absteppt (aber irgendwo einen Schlitz offenlassen), Gummi- oder anderes Band durch die zweite Reihe zieht, erhält man beim Zusammenziehen automatisch eine Rüsche. Sonst verziert man diese Kanten wieder mit Litzen oder wie beim Unterrock. Für besonders zarte Kragen nimmt man alte Spitzen oder hübsch erhaltene Borten von alten runden oder viereckigen Deckchen, wenn deren Stoff in der Mitte unansehnlich geworden ist. Auf den Halsumfang eingereiht, hat man schnell einen schmeichelnden Kragen. Ein Verschluß ist bei diesen gerafften Blusen oder Hängern nicht notwendig. Einfache oder klassische Blusen kann man hübsch durch Mieder, die aus einem Stück genäht sind, oder Schürzchen ergänzen. An den Trägern weich über die Schultern fallende Stickereistoffe, wieder aus alten Stoffen oder Deckchen halbiert zugeschnitten und angekraust, wirken besonders verspielt.

Rock

Der Rock kann wie der Unterrock genäht werden. Etwas schwieriger sind Glockenröcke, aber auch attraktiver. Man mißt den Taillenumfang, teilt ihn durch zwei oder vier plus Nahtzugabe und zeichnet den Schnitt so weit, wie man sich den Rock vorstellt. Wenn man Karo- oder Streifenstoffe hierfür aussucht, legt man den Schnitt ganz genau auf das gleiche Muster – beim fertigen Teil durch die schrägen Nähte ein hübscher Effekt.

Foto rechts

Grüner Kittel mit Raglanärmeln, am Halsausschnitt zusammengezogen mit einem Bändchen, vorne aufgesetzte Tasche aus einem Bortenstreifen. Geblümter langer Rock aus einem geraden Stück Stoff mit angesetzter Rüsche, gegen den Fadenlauf zugeschnitten für besseren Fall. Zusätzlich aufgenähter blauer Stoffstreifen (gibt es fertig zu kaufen als Nahtband). Weiße Kittelschürze aus einem geraden Stück Stoff (z. B. altes Kopfkissen mit Einsatz). Für die Arme werden von oben Schlitze eingeschnitten und gesäumt, die Schulterhälften werden zusammengenäht und anschließend, wenn man will, in Falten gelegt.

Schnittvorschläge

(entsprechend den Maßen der Puppe vergrößern oder verkleinern)

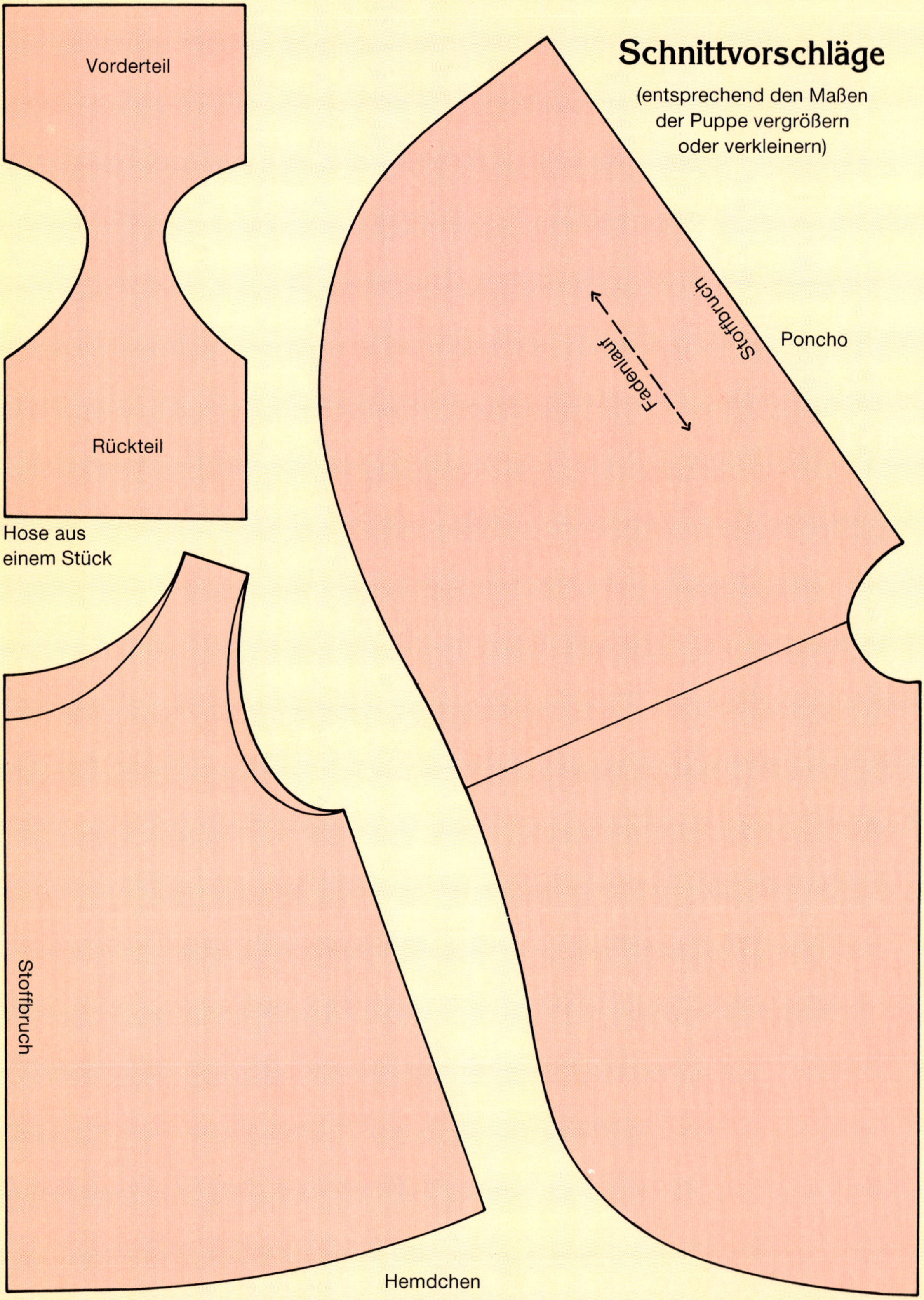

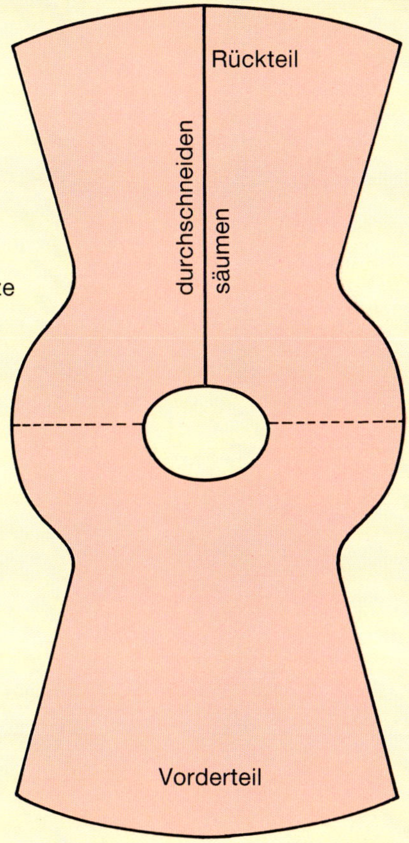

Schürze

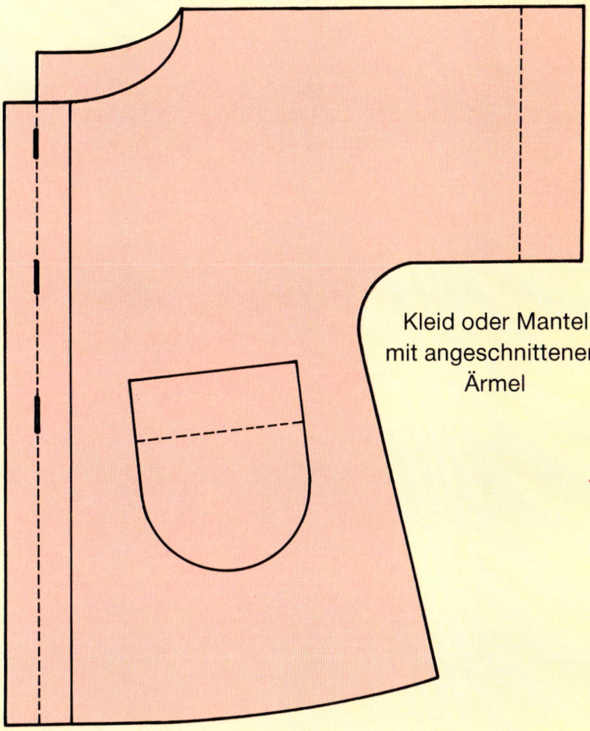

Kleid oder Mantel
mit angeschnittenem
Ärmel

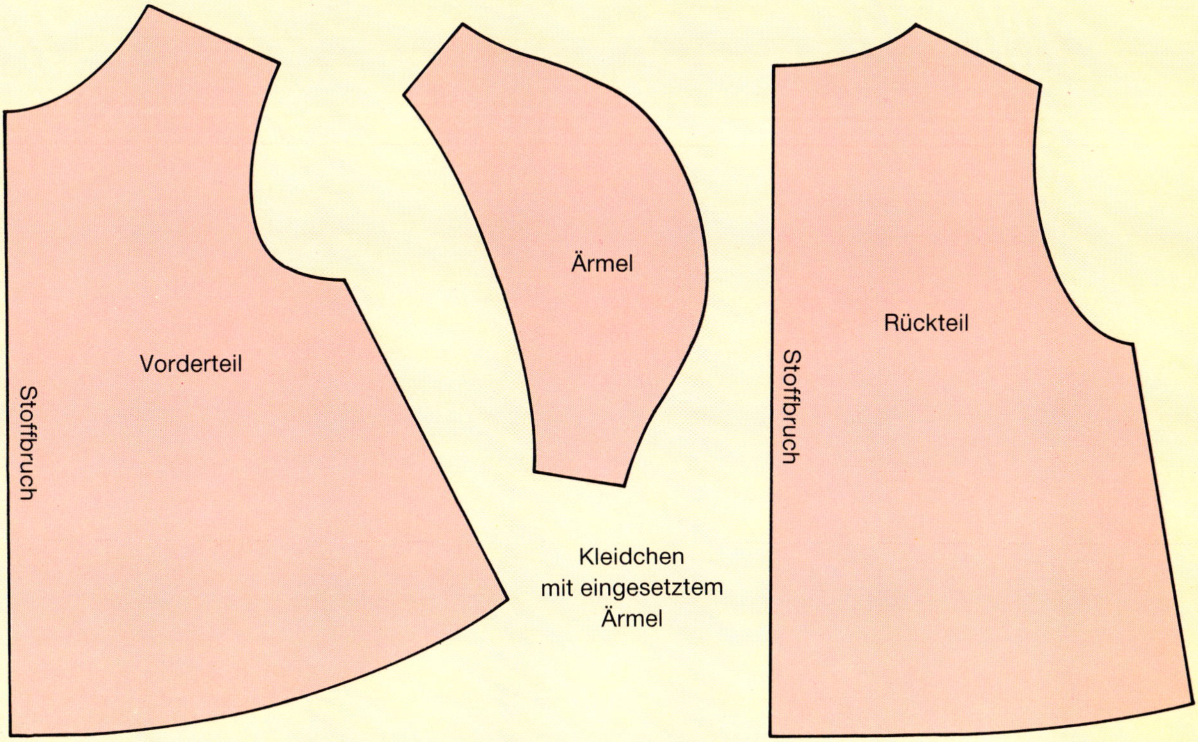

Kleidchen
mit eingesetztem
Ärmel

Genähte Kleidung

Strümpfe und Schuhe

Strümpfe

Die Strümpfe näht man je nach Fußform auch wieder aus altem Trikot oder Jersey oder speziell ausgesuchtem Cloqué mit Struktur. Wer in Großmutters Schatztruhe nicht mehr brauchbare Spitzenhandschuhe findet, kann aus den Fingern sehr zarte Kniestrümpfe zaubern, an der oberen Kante gesäumt oder umhäkelt.

Schuhe

Die Schuhe werden, etwas größer als der Fuß, aus Leder oder Filz zugeschnitten und an der unteren Kante leicht umgekippt auf die Sohle geklebt, für deren Größe man am Fuß Maß nimmt. Wer alles hortet, findet sicher winzige Schnallen, durch die man Borten oder Lederstreifen ziehen kann (z.B. von alten schmalen Uhrenarmbändern). Zierknöpfe können einen einfachen Schuh sehr schnell herausputzen.

Von links: Lederschuh mit angenähter Spitzenborte. Zwei einfache Schuhe aus Leder und Filz. Pumps von einem Meister. Stiefel mit modelliertem, angeklebtem Absatz.

Grundschnitt mit Abwandlungen

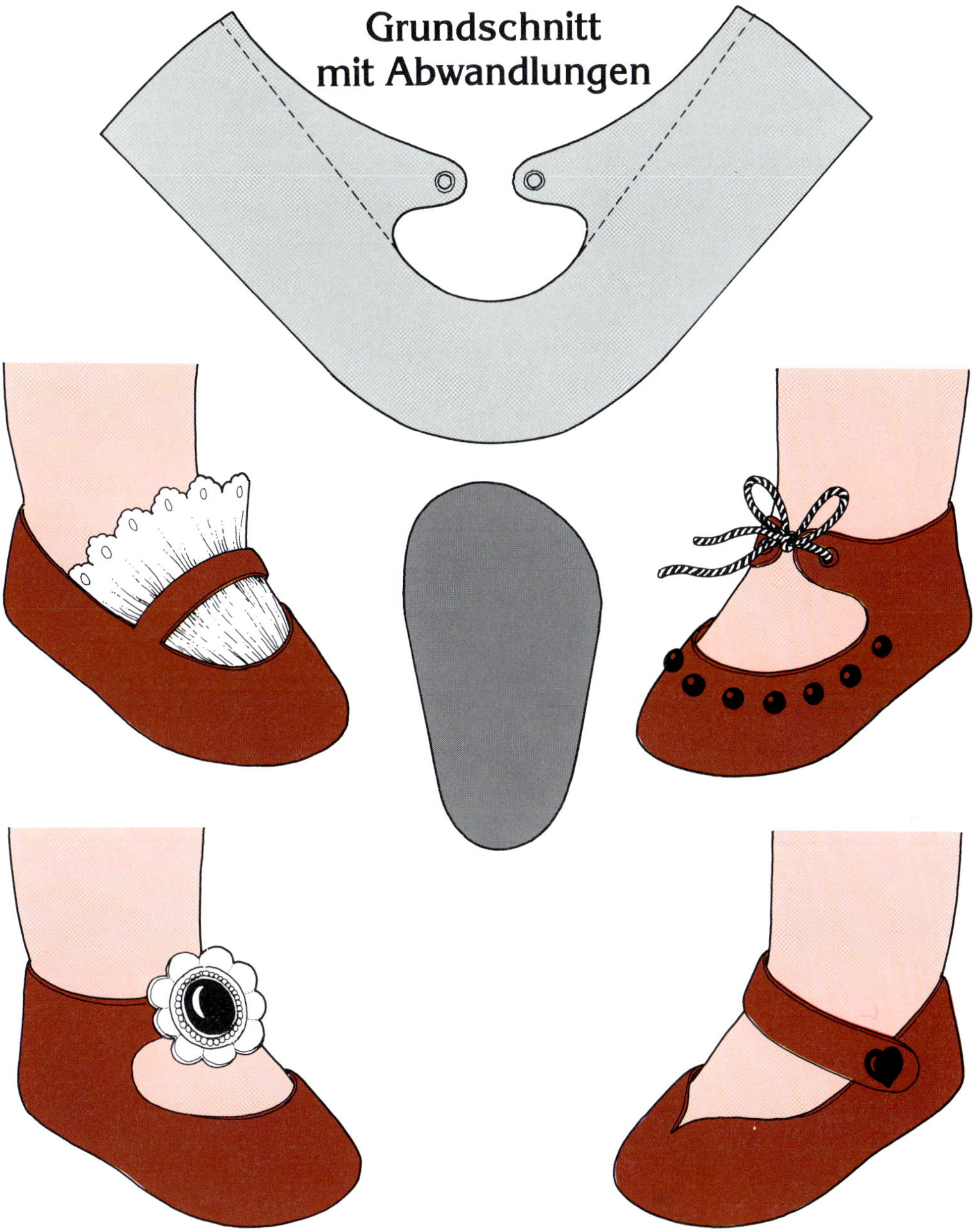

Gehäkelte Kleidung

Unterwäsche

Hemdchen und Höschen

Es empfiehlt sich, die kleine Puppenunterwäsche in Runden zu häkeln. Das Hemd wird als Schlauch gearbeitet, an den in entsprechender Länge gehäkelte Streifen als Träger genäht werden. Eine hübsche Verzierung sind die sogenannten Mausezähnchen an den Rändern der Träger (feste Masche, drei Luftmaschen, feste Masche in die erste Luftmasche, wiederholen).
Die Hose wird ebenfalls als Schlauch gearbeitet, nach Maschenprobe bemessen. An den oberen Rand häkelt man Stäbchen, durch die eine Kordel oder ein Gummiband gezogen wird. Unten kann die Hose im Schritt zusammengenäht oder es können Beinlinge angehäkelt werden.

Oberkleidung

Einen antik angehauchten Effekt haben Häkeljacken oder -pullis, wie sie früher zu jeder Babyausstattung gehörten.

Jacke

1. Runde: Man fängt oben am Halsausschnitt an und arbeitet nach Maschenprobe die Luftmaschenkette.

Rückreihe: In jede Luftmasche 1 einfaches Stäbchen arbeiten.

2. Runde: In jedes 2. Stäbchen 1 dreifaches Stäbchen häkeln: Faden um die Nadel schlagen, in das untere Stäbchen einstechen, Faden leicht hochziehen, noch zweimal wiederholen. Faden durch die ersten 6 Schlingen ziehen, dann durch die beiden restlichen. Zwischen diese Dreifachstäbchen immer 1 Luftmasche häkeln.

Rückreihe: In jede Masche 1 einfaches Stäbchen arbeiten.

3. Runde: Wie 2. Runde.

Rückreihe: Zunehmen; in jede 3. Masche 2 einfache Stäbchen arbeiten.

4. Runde: Wie 2. Runde.

Rückreihe: In jede 2. Masche 2 Stäbchen arbeiten.

5. Runde: Wie 2. Runde.

Rückreihe: 2 Stäbchen in jede Masche arbeiten.

Zum Foto rechts: Für die passende Mütze häkelt man ein Quadrat aus festen Maschen. Dann nimmt man an drei Seiten dieses Quadrats Maschen auf (jeweils 3 Maschen in die beiden oberen Ecken), häkelt die Rückrunde und beginnt mit dem Stäbchenmuster wie für die 2. Runde der Jackenpasse, ohne allerdings zuzunehmen. Jede Rückreihe besteht aus einfachen Stäbchen in jeder Masche der Vorrunde.

Gehäkelte Kleidung

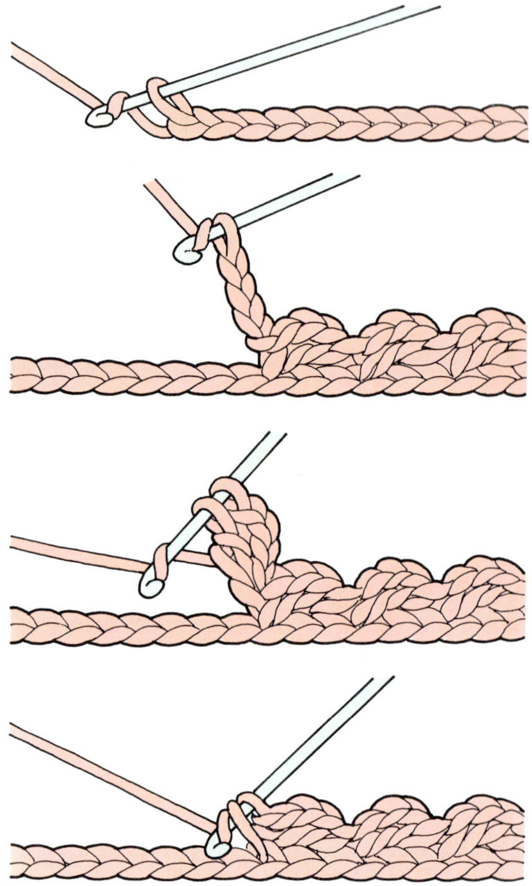

Nun teilt man die Schulterpasse für Ärmel und Leib; grob gerechnet: Maschenzahl dividiert durch 6. Je ein Sechstel wird für die beiden Vorderteile gerechnet und je ein Sechstel für jeden Ärmel. Den Rücken bilden die restlichen zwei Sechstel. Man kann aber auch an der Puppe Maß nehmen und die Weite der Körperteile und Ärmel abstekken. Wichtig: Die 2. bis 5. Runde ergeben durch das hübsche Schlaufenmuster der Dreifachstäbchen die »Schokoladen«-, also die Vorderseite. Jetzt werden zuerst die Ärmel geradeaus gehäkelt, entweder in Runden oder hin und her, bis die vollständige Länge erreicht ist. Die verbleibenden Maschen der Vorderteile und des Rückenteils werden in einem Stück bis zur gewünschten Länge hin und her gearbeitet. Man kann bunte Reihen einarbeiten oder jede Art von Mustern und zum Schluß alle Kanten einfach umhäkeln, z.B. in bunten Streifen oder mit Mausezähnchen. Die Jakke hat entweder einen Knopfverschluß oder am Hals ein Bändchen, durch die erste Stäbchenreihe gezogen.

Pullover

Durch einen passenden Pulli erhält man ein Twinset. Dafür fällt die vordere Aufteilung der Jacke in zwei Hälften weg. Bis einschließlich der Fertigstellung der Ärmel wird der Pullover genauso wie die Jacke

Eine üppigere Version der auf Seite 72 beschriebenen Mausezähnchen: Eine Reihe Luftmaschen anschlagen und eine feste Masche häkeln; dann drei Luftmaschen und ein einfaches Stäbchen in die erste Luftmasche häkeln; aus der ersten Reihe zwei Luftmaschen überspringen und das Mausezähnchen mit einer festen Masche einhäkeln – wiederholen. Die Mausezähnchen können durch Weglassen der Luftmaschenreihe auch direkt an das fertige Teil angehäkelt werden.

gearbeitet. Anschließend wird das ganze Körperteil immer rundherum – also nicht mehr hin und her – gehäkelt. Durch das Hin- und Herarbeiten im oberen Teil (Schulterpasse) ergibt sich automatisch ein Verschluß vorne oder hinten.

Rock

Den Rock kann man in der Taille genauso anfangen wie die Jacke (bis zur 3. oder 4. Runde) und dann in Runden so lange geradeaus häkeln, bis die Länge erzielt ist. Je nach Hüftbreite der Puppendame muß am Anfang so lange hin und her gehäkelt werden, bis der Schlitz für den Verschluß lang genug ist, um ihr den Rock bequem anziehen zu können.
Farben und Muster von Jacke und Rock können sich ergänzen oder ein abwechslungsreiches Spiel ergeben.

Strümpfe und Schuhe

Maschen in doppelter Länge der Sohle aufnehmen und bis zur Fersenhöhe hin und her häkeln (feste Maschen oder Stäbchen). Vorne die Spitze und über dem Spann zusammennähen und entweder durch die letzte Reihe ein Band ziehen oder für Kniestrümpfe die Wadenlänge hochhäkeln und dann in die letzte Reihe ein Band ziehen. Ponpons auf dem Spann oder an den Bändern einzelne Perlen, am Ende mit dicken Knoten, sehen recht lustig aus.
Strümpfe und Schuhe können nach dem gleichen Prinzip gehäkelt werden, die Strümpfe in feinerem Garn als die Schuhe. Wenn die Puppe noch nicht so ausgeprägte Füße hat, sondern (bei Anfängern) nur »Stümpfe«, dann häkelt man entsprechende Schläuche. Man kann natürlich auch mogeln: Die Strümpfe wie beschrieben häkeln, die Spitze ganz fest ausstopfen, zusätzlich eine Pappsohle hineingeben, und die Puppe kann sicher auftreten.

Foto Seite 76
Beigefarbener Schuh: Rundgehäkelte Sohle und daran einige Runden gerade hochhäkeln. Für die Spitze vorne oben zusammenhäkeln, einige Runden hochhäkeln und Stäbchen arbeiten für einen Band- oder Kordeldurchzug.
Altrosa Schuh: Rechteckiges Stäbchenteil häkeln, Ferse und Spitze zusammennähen, Band einziehen.
Rosa Füßlinge: Rechteckiges Stäbchenteil für den Fuß arbeiten, rechts und links zusammennähen, in Runden gehäkelte feste Maschen fürs Bein anhäkeln, dekorative Stäbchen für Banddurchzug mit Ponpons und abschließend noch eine Runde feste Maschen arbeiten.
Blaumelierter Schuh: Aufschlagen, in zwei oder drei Runden rechts und links eine Masche zunehmen, gerade über den ganzen Spann, in der Mitte einige stehenlassen, rechts und links bis zur Ferse häkeln, hinten zusammennähen, Runde um den Ausschnitt am Knöchel häkeln. Sohle aus Filz annähen.

Gestrickte Kleidung

Unterwäsche

Sie wird nach demselben Prinzip gearbeitet wie die gehäkelte.

Hemdchen

Beim Hemdchen ist folgende amüsante Variante möglich: Von unten bis zur Brusthöhe strickt man glatt rechts in Runden und läßt dann jede fünfte Masche fallen (bis unten aufrebbeln). Ca. 2 cm glatt weiterstricken oder eine Musterreihe einarbeiten, abketten. Um den unteren Rand eine Runde häkeln, Träger stricken – fertig.

Höschen

Höschen werden auch wie die gehäkelten gestrickt. Wer will, kann einen Zwickel einarbeiten: Vorne und hinten in jeder Hinreihe vor und hinter der mittleren Masche je 1 Masche durch Umschlag zunehmen, der in der zweiten Reihe abgestrickt wird; dieses bis zur gewünschten Weite wiederholen und die Zwickelmaschen abketten. Die beiden Zwickelteile (vorne und hinten) werden zusammengenäht; die stehengelassenen Maschen ergeben die Beinlinge. An diese Beinlinge strickt man ein Bündchen oder – für lange Unterhosen – eben lange Beinlinge.

Für den notwendigen Taillendurchzug gibt es zwei Möglichkeiten:

1. Möglichkeit: In der dritten Reihe von oben Löcher einarbeiten – 2 Maschen zusammenstricken, 1 Umschlag, wiederholen; nächste Reihe abstricken.

2. Möglichkeit: 4 oder 6 Runden stricken, wieder 2 Maschen zusammenstricken, 1 Umschlag, wiederholen; nächste Runde abstricken; noch einmal 4 oder 6 Runden glatt stricken, und nun entweder jede auf

Der im Höschen eingearbeitete Zwickel

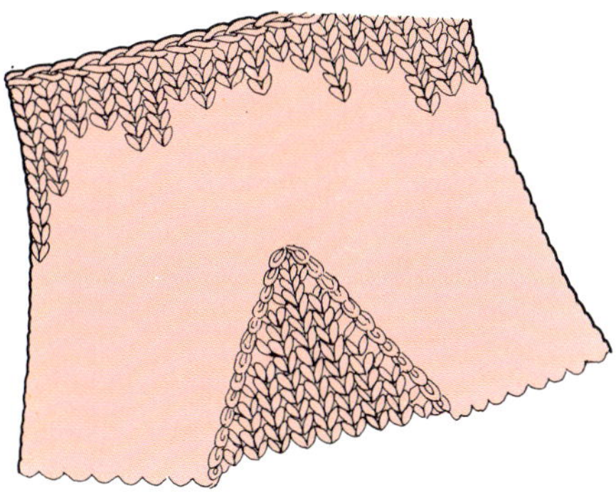

Die 2. Möglichkeit für den Taillendurchzug

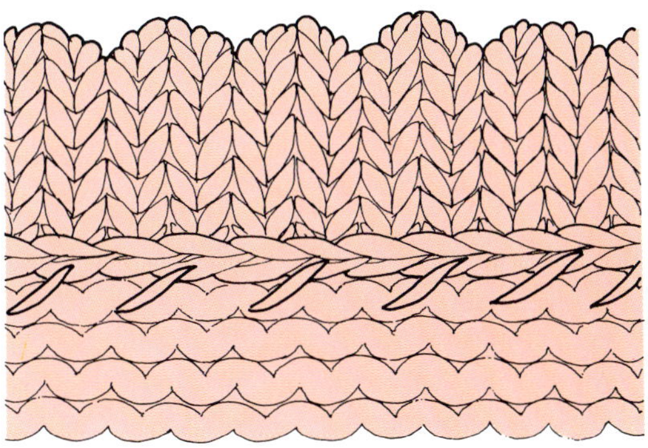

Gestrickte Kleidung

der Nadel vorhandene Masche mit einer der aufgeschlagenen zusammenstricken oder hinterher umkippen und annähen. Das ergibt den Tunnel für den Durchzug und oben einen Zackenrand.

Oberkleidung

Pullover oder Jacken werden wie die bekannten klassischen für Erwachsene gearbeitet.

Jacke

Sehr hübsch sehen Raglanärmel aus. Hierfür wird das Stück wieder von oben gearbeitet.

1. Runde: Nach Maschenprobe am Hals aufschlagen.

Rückrunde rechts.

2. Runde: Die Maschenzahl aufteilen: 6 Maschen abrechnen, den Rest vierteln (je ein Viertel für die beiden Vorderteile, zwei Viertel für den Rücken). Ein Viertel stricken (erstes Vorderteil), dann 1 Umschlag, 1 stricken, 1 Umschlag, 1 stricken, 1 Umschlag, 1 stricken, 1 Umschlag. Diese drei gestrickten Maschen sind die eine Hälfte der 6 abgerechneten Maschen, und dieser Komplex ergibt einen Ärmel. Die zwei Viertel der Maschenzahl für den Rücken strikken, wieder den Ärmelkomplex mit den Umschlägen arbeiten und dann das restliche Viertel für das zweite Vorderteil.

Rückrunde: Alle Maschen, auch die Umschläge, abstricken.

3. Runde: Das erste Viertel plus dem ersten Umschlag aus der Vorrunde stricken, dann 1 Umschlag, 1 stricken, 1 Umschlag, 3 stricken, 1 Umschlag, 1 stricken, 1 Umschlag; Rückenteil stricken, dann den 2. Ärmelkomplex und das Vorderteil.
Dieses Schema wird so lange wiederholt, bis man durch das Zunehmen (Umschläge) die Achselhöhle erreicht hat. Nun strickt man erst die Ärmel hin und her bis zur richtigen Länge, kettet ab und näht sie zusammen; dann, wieder in einem Stück, Rücken- und Vorderteile arbeiten. Man kann Knopflöcher einarbeiten, hinterher anhäkeln oder die Jacke durch eine hübsche Nadel zusammenhalten. Muster und Farben bleiben der Erfahrung und Phantasie überlassen.

Foto rechts
Erfahrene im Musterstricken wagen sich bei diesem Schema an komplizierte Zöpfe in der Ärmelmitte oder ein zusätzliches Lochmuster an den Vorderteilen. Nur darf der Rhythmus des Zunehmens nicht aus dem Gleichgewicht kommen. Nach Fertigstricken der Ärmel sind die sogenannten »Wellenmuster« in verschiedenen Farben hingegen wieder einfach, weil Vorder- und Rückenteil ein gerades Stück sind.

Gestrickte Kleidung

Pullover

Pullover werden bis zur Achselhöhle für einen Verschluß hin- und hergestrickt, die Ärmel werden wie bei der Jacke gearbeitet; für das Rumpfteil strickt man die beiden Vorderteile und das Rückenteil in Runden. Der große Vorteil dieser Methode, gehäkelte oder gestrickte Puppenjacken oder -pullover von oben anzufangen, ist der, daß das fertige Teil sich besser anschmiegt und auf die Körperform eingeht als die herkömmlich gearbeiteten vier oder fünf Teile, die zusammengenäht werden. Nach dem Anprobieren kann man noch vor dem Abketten je nach Wunsch aus dem Pullover weiter nach unten ein Kleid, aus der Jacke einen Mantel arbeiten.

Rock

Der Rock, wenn er eng ausfallen soll, wird wie ein Schlauch gestrickt und zum Durchziehen eines Bandes in der Taille wie die Hose gearbeitet. Wer das Muster der Raglanärmel wiederholen will, mag Falten in Form von Godets einstricken wie beim Ärmel der Jacke, gleich von der Taille abwärts oder tiefer für einen ausgefallenen Abendrock.

So sehen fertige Godets aus, die man in beliebiger Anzahl einstricken kann. Der Fall der Falten (ähnlich wie bei einem Glockenrock) bringt die Weite. Je öfter durch Luftmaschen zugenommen wird – in jeder 2. oder nur in jeder 4. Reihe –, um so weiter und glockiger wird der Rock.

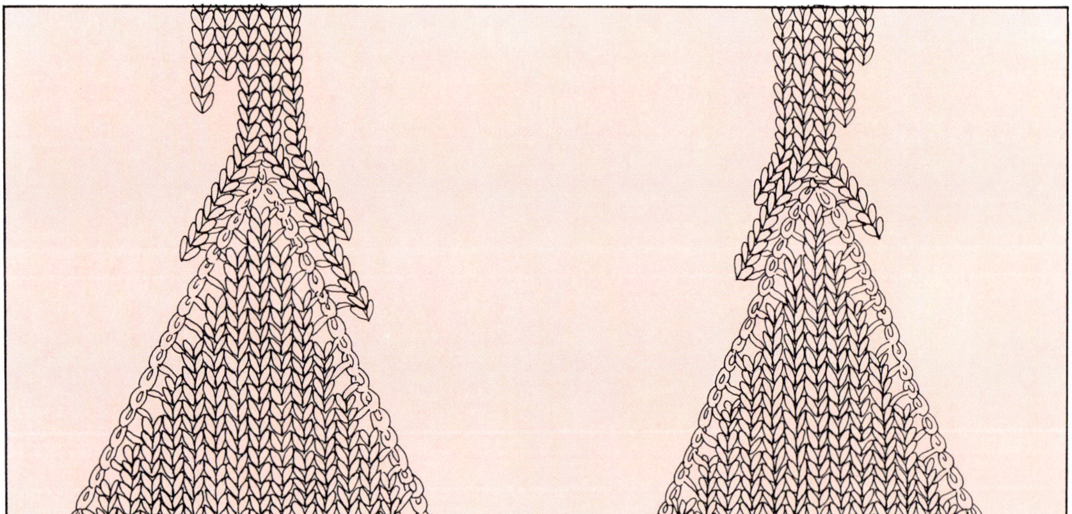

Gestrickte Kleidung

Strümpfe stricken

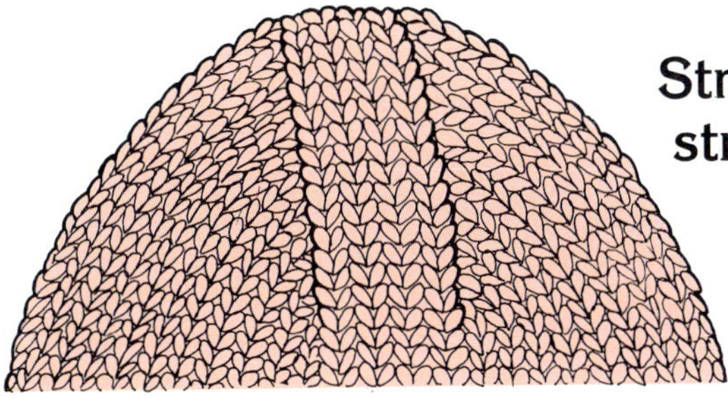

Bandspitze

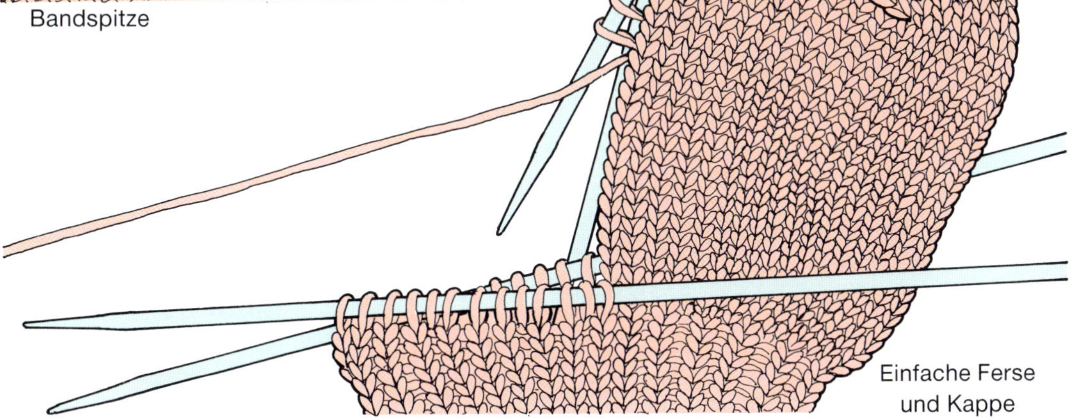

Einfache Ferse und Kappe

Die klassische Art, Strümpfe zu stricken

Strümpfe und Schuhe

Strümpfe

Strümpfe werden wie die für Große gebräuchlichen gestrickt. In Waden- oder Knöchelhöhe wird nach Maschenprobe (entsprechend dem Beinumfang) mit einem Nadelspiel von 4 Stricknadeln begonnen und bis zur Ferse gestrickt. Bei fußlosen Beinchen wird hier gerade abgekettet, also auf ein Muster in Wadenhöhe beschränkt. Oder es wird der Fuß gearbeitet, indem erst die Ferse mit der Kappe, anschließend das gerade Teil des Fußes und zuletzt die Spitze gestrickt werden. Wer's noch nicht gelernt hat (ganz einfach ist es nicht!), läßt es sich von einer älteren Generation zeigen – Sockenstricken gehörte einmal zur Grundausbildung!

Schuhe

Schuhe ergänzen im selben Muster die Strümpfe, sind aber nicht notwendig, wenn die Socken perfekt ausgefallen sind.

Gewebte Kleidung

Webrahmen

Den »Webrahmen« fabriziert man selbst. Dazu braucht man ein Brett, Nägel oder Stifte und einen Hammer; eine lange Stopfnadel oder Ahle, sehr festes Garn für die Kette, jede Art von Garn für den Schuß. Die gewünschte Form wird mit den Nägeln im Abstand von 3-5 mm auf dem Brett festgelegt, der Faden am untersten rechten Nagel festgeknotet, durch die Nadel oder Ahle gezogen, und nun »webt« man hin und zurück, wobei man nach jeder vierten oder sechsten Reihe das Gewebte mit einem groben Kamm nach unten schieben kann.

Unterwäsche

Hemd und Hose sind als quadratische oder rechteckige Teile einfach zu arbeiten (wie die in den vorher beschriebenen Techniken).

Foto links
Großer klassischer, alter Musterstrumpf.
Bunter Türkenschuh, an der Ferse ein Schlitz, in den eine Rundung eingehäkelt ist.
Gerader weißer Stoff, unten und hinten zusammengenäht, mit Nähseide umhäkelt.
Weißer Strickstoff mit Bündchen, zwei gleiche Teile, rundherum zusammengenäht.
Grüner Schuh, in einem Stück kraus gestrickt, rechts und links abgeschrägt, da zusammengenäht, Stäbchenabschluß.

Es ist deutlich erkennbar, wie einfach dieser Webrahmen herzustellen ist. Nach dem Fertigweben eines Teiles hebt man die Fäden der Kette vorsichtig von den Nägeln und verwendet den Rahmen mit neuer Kette für das nächste Teil.

Kleidung aus selbstgewebten Stoffen

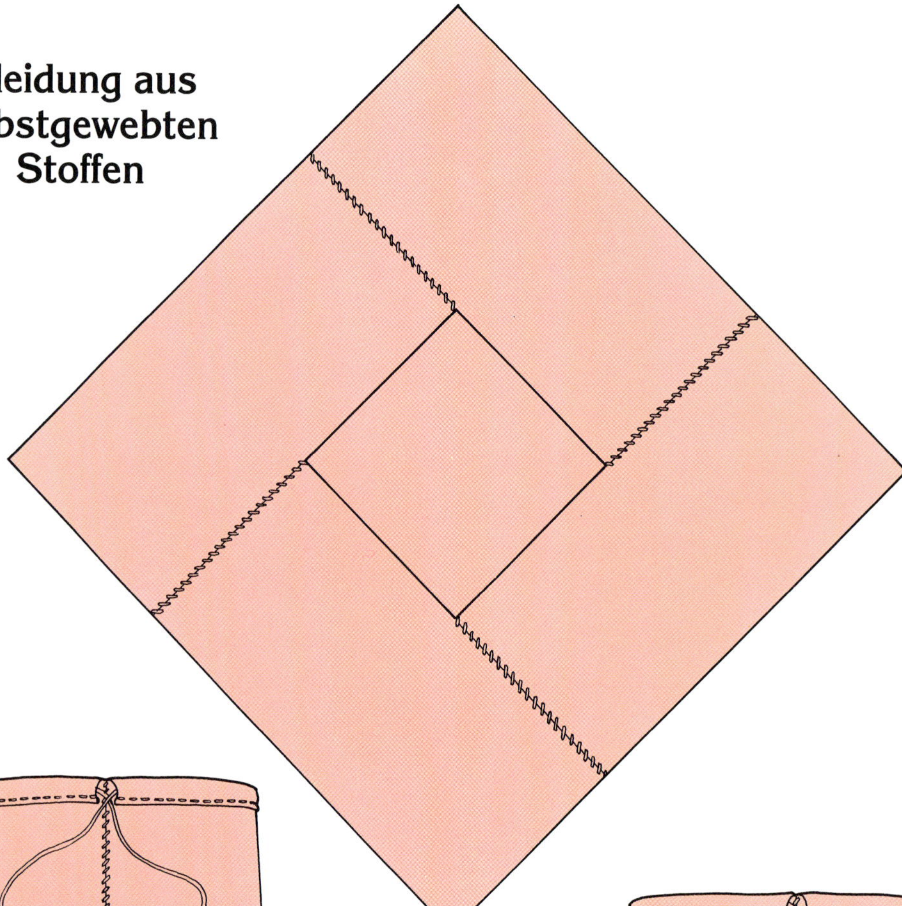

Poncho

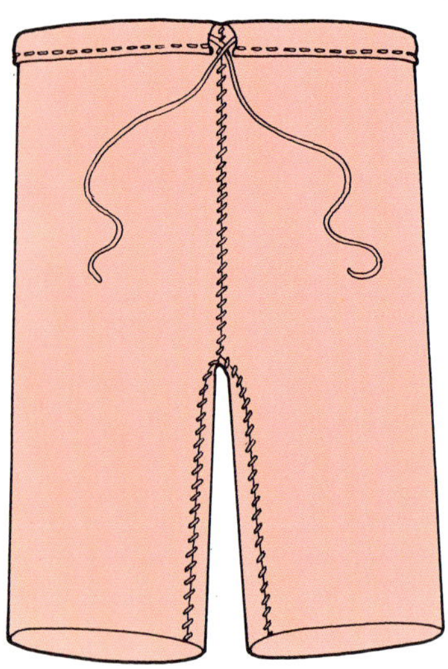

Hose

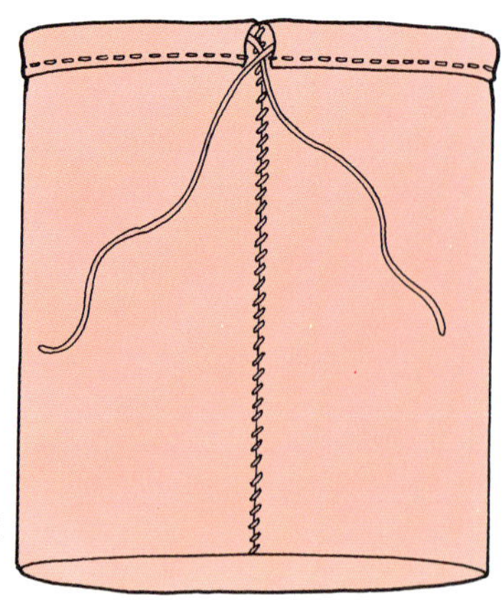

Rock

Gewebte Kleidung

Oberkleidung

Ein Poncho ist ideal für diese Arbeitstechnik. Dafür werden vier gleiche Rechtecke gewebt und zusammengenäht. Die Mädchen bekommen einen Rock, auch ein Rechteck, und die Buben ebenso – aber lang wie ein Sarong bei Malaien oder Indern. Eine Hose besteht ebenfalls aus zwei Rechtecken, die vorne und hinten bis zum Schritt zusammengenäht (mit Verschluß oder Tunneldurchzug in der Taille) und deren Beinteile mit einer Innennaht verbunden werden.

Herbstfarben oder naturgefärbtes Garn ergeben ein primitiv anmutendes Aussehen. Ein langer, schmaler, verwegen umgeschlungener Flatterschal vervollkommnet das Bild. Die Kanten können mit gedrehten Kordeln verziert werden: Nicht ganz die dreifache Länge des gewünschten Maßes wird an einem Ende um eine Türklinke geschlungen, so oft wie die geplante halbe Stärke der fertigen Kordel. Das andere Ende der Schlingen wird um einen Bleistift gewickelt, den man in »gespannter« Entfernung von der Türklinke in der Hand hält. Nun dreht man den Bleistift so lange, bis sich der Strang beim Lockerlassen von selbst umeinanderdreht. Eine vorher bereitgelegte schwere Schere wird mit den beiden Ringen nach oben in die Mitte des Stranges gehängt, man nimmt die Schlingen von der Türklinke, hält sie mit denen vom Bleistift zusammen und läßt die Schere bis zum Stilltand um sich selbst drehen. Schere aus der unteren Schlinge ziehen, beide Enden verknoten, 2 cm Fadenabstand lassen und Ausfransen. Diese Kordel an die Kanten des Ponchos, Rocks oder der Hosen nähen, und schon hat man eine Art Exoten-Look.

Derselbe Webrahmen kann für alle diese drei Kleidungsstücke und einen Schal (nicht abgebildet), der am besten der Länge nach gefaltet wird, verwendet werden.
Besonders einfach ist der Poncho, der aus vier gleichen Teilen zusammengesetzt wird. Die Spitzen des Ponchos hängen über den Armen herunter, über dem Bauch und dem Po. Das leere Quadrat in der Mitte ist das Schlupfloch für den Kopf. Die Ränder innen und außen können hübsch verziert werden. Quasten an den vier Ecken machen den Poncho noch glaubwürdiger.
Für den Taillendurchzug am Rock und an der Hose wird oben ein Saum einfach umgekippt und angenäht.

Mutter und Kind

basteln gemeinsam

Mutter und Kind basteln gemeinsam

Wir sind im Westen bedauerlicherweise etwas davon abgekommen, den Lehren der Alten zu lauschen und vielleicht, vielleicht sogar zu folgen. Evolution, technische Entwicklung, Entdeckungen in der Wissenschaft finden mit einer derart rasanten Geschwindigkeit statt, daß wir oft, ohne es zu wollen, einfach überrumpelt werden. In asiatischen und orientalischen Ländern zollt die Jugend den Eltern noch Respekt, und nicht umsonst werden unsere fitgebliebenen Pensionäre in die sogenannten unterentwickelten Länder »exportiert«, weil man dort ihre Erfahrung schätzt. Dabei bedeutet doch gerade diese praktische Erfahrung, auf welchem Gebiet auch immer, einen zeitlichen Vorsprung, der durch theoretisches Erlernen eines Themas und Vertrautmachen mit einer Materie schlecht aufzuholen ist. Wie immer im Leben sind der ständige Wechsel und Austausch fruchtbar und bringen zwangsläufig neue Ideen und Erfolge.

Man nehme also in einem ruhigen Moment ein Kind, das beschäftigt werden will, einen alten Fingerhandschuh oder maschinengestrickten Pullover, schneide ihn gemeinsam nach dem Schema zu, nähe gemeinsam die Ränder zusammen je nach Können, stopfe die Puppe aus, gebe ihr ein Gesicht und Haare, und fertig ist die allereinfachste, erste selbstgemachte Puppe.

Aus »Das Blatt der Hausfrau«, Oesterr. Ungar. Zeitschrift vom 19. Januar 1913 stammt folgender Artikel von Lu Fritsch unter der Überschrift »Hausfrau und Nebenberuf«:

»Es ist schon auf die in Amerika so sehr verbreitete Einrichtung der ›Puppenmama‹ hingewiesen worden. Auch diesem Erwerbszweig liegt eine neuartige Idee zugrunde. Die Puppenmama versammelt kleine Mädchen um sich, die sie anleitet, ihre Puppen selbst zu kleiden und zu schmücken. Die Kinder lernen dabei nicht nur spielend etwas vom Schneidern kennen, sondern sie werden durch geschickte Belehrungen auch für ihren dereinstigen Mutterberuf interessiert. Hübsch arrangierte Ausstellungen unterrichten nicht nur die Mütter über die Fortschritte ihrer Kleinen, sondern veranlassen auch wieder andere Frauen, ihre Kinder in den ›Puppenklub‹ zu schicken.«

Foto Seite 90
»Kleine Wolke« – man nehme einen vergessenen Fingerhandschuh, teile die Finger für Arme und Beine auf, ziehe Wollfäden in die Maschen am Kopf, die Flechten verdecken die groben Nahtstellen.

Foto Seite 91
»Großer Bär« – in der 2. Schulklasse von Katrin als Linkshänderin für ihre Patentante gestrickt.

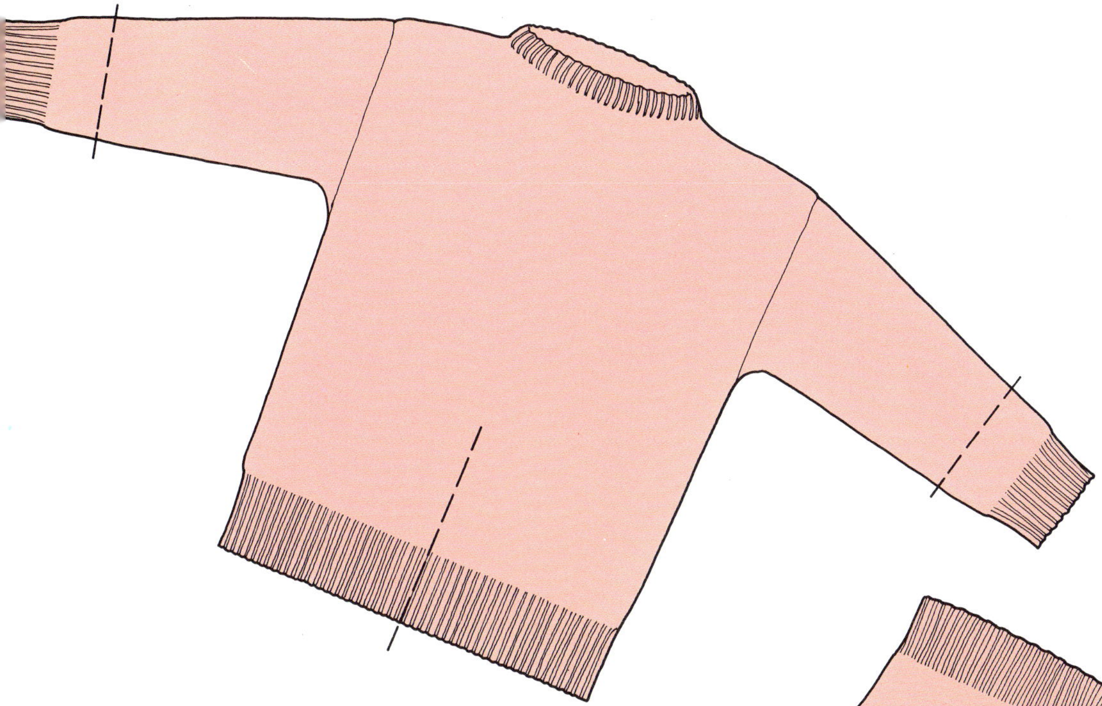

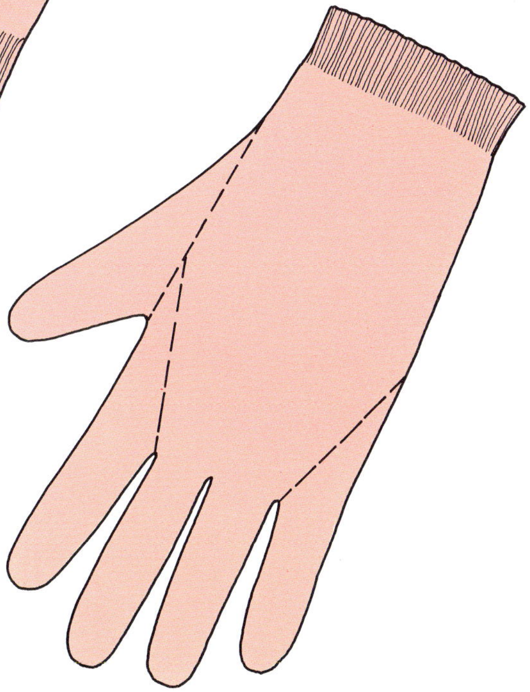

Von einem geschrumpften oder verfilzten Pullover werden die Ärmel proportional abgeschnitten. Die Bündchenreste trennt man auf und näht eine Kopfform daraus, die nach dem Ausstopfen an den Hals angenäht wird. Der Pullover wird unten eingeschnitten, und die beiden Teile werden wie Beine zusammengenäht.

Der Fingerhandschuh verliert seinen Daumen ganz, kleiner und Zeigefinger werden als Arme angenäht, die Stulpe zusammengenäht und als Kopf abgebunden.

Mutter und Kind basteln gemeinsam

Dem Buch »Kleine Gratulanten« von 1956 sind folgende Verse von Anna Pichler entnommen:

Lange hab' ich mich besonnen,
was dich recht erfreuen mag.
Dann hab' ich mein Werk begonnen
– fertig ist's am heut'gen Tag!
Immer dachte ich beim Stricken
deiner, liebstes Mütterlein,
und ich wünsch' dich mög' beglücken,
was ich strickte da hinein:
alle Liebe, die ich habe,
meine ganze Dankbarkeit
flocht' ich hier in meine Gabe,
und die schenke ich dir heut'.

So modern und fortschrittlich, wie wir oft glauben, sind wir gar nicht.
Dazu noch ein kurzes Gedicht von heute von Margot Günther:

Die Muttergottes im Himmel
hat ein Fenster für sich allein.
Da sitzt sie alle Tage und schaut hinein.
Und hinter ihr steht ein Engel,
der schreibt in ein Buch genau,
was von den lieben Kindern
ihm sagt die gute Frau.
Was aber die bösen machen,
das sagt sie dem Engel nicht.
Der würde das gar nicht glauben
– so sanft ist sein Gesicht.

Ob geringer oder vornehmer Herkunft, die Liebe zum Kind ist immer gleich, und ein innigeres einigendes Band gibt es kaum. Ein noch stilles Reifen verbindet den jungen Menschen mit der Eltern-Generation und läßt sie, ihm unbewußt, als Vorbild da sein, dem es nachzueifern gilt. Wenn also in gemütlicher Runde die Familie zusammensitzt, besonders im Winter, die Holzscheite prasseln und Weihnachten naht, lernt und lehrt es sich in behüteter Runde am schönsten und ganz wie nebenbei. Genauso kann in trauter Zweisamkeit ein alleinstehender Elternteil sich seines Kindes annehmen und mit ihm in friedlicher Vertrautheit gemeinsam eine Puppe schnitzen, nähen und bekleiden. Die Jungen lernen den Umgang mit Nadeln, Schere und Kurzwaren unter erfahrener Anleitung; wie man strickt, häkelt und näht, Knöpfe annäht – endlose Handarbeiten. Außer dem in jedem Haushalt vorhandenen Werkzeug braucht man nur das Allerwichtigste, das man einem anderen Menschen schenken kann – Liebe und Zeit.

Sabine, Alter (nach eigenen Angaben) »halbacht«, – »Sekretärin für Manuskript und Fotos« dieses Buches – beim Abschluß der gemeinsamen Arbeit mit ihrer ersten eigenen Puppe – unverkäuflich. Aus einem alten Pullover gearbeitet, wie auf Seite 88 beschrieben.

Register

Arm, Schnitt 61
Arme 60
Ausstopfen 28

Bein mit Fuß (Schnitt) 61
Bein ohne Fuß (Schnitt) 61
Beine 60
Bluse, genäht 66

Flickerjulen 24
Frisuren 56/57
Füße 60

Geigenform (Körper) 60
Gesicht 50
Gesichtsaudruck 53
Gesichtsformen 52
Godets stricken 80

Haare 54
Haare (Wollfäden) einziehen 55
Häkelpuppen 29ff.
- Arbeitsanleitung 29
Häkelpuppen, Material und Werkzeug 22
Hände 60
Handschuhpuppe arbeiten 88
Hemdchen
- gehäkelt 72
- genäht 64
- gestrickt 77
- Schnitt 68
Holzpuppen 35ff.
- Material und Werkzeug 22
Höschen
- gehäkelt 72
- genäht 64
- gestrickt 77
- Schnitt 68
Hose, gewebt, Schnitt 84

Jacke
- gehäkelt 72
- gestrickt 78

Keramikpuppe 46
Kleidchen
- genäht 66
- Schnitt 69
Kniepuppe, Arbeitsanleitung 35
Kopf ansetzen 60
Kopfform 50
Körper in Geigenform 60
Körperschnitte 59
Kordel drehen 85

Lumpenpuppen 24

Mantel, Schnitt 69
Mausezähnchen 74
Modelliermassen 40
Modellierte Puppen 40ff.
- Material und Werkzeug 22
Mütze, gehäkelt 72/73

Papiermachépuppe 15
Poncho, Schnitt
- genäht 68
- gewebt 84
Pullover
- gehäkelt 74
- gestrickt 80

Rock
- gehäkelt 75
- genäht 66
- gestrickt 80
- gewebt, Schnitt 84

Rupfenpuppe, Arbeitsanleitung 23

Schuhe
- gehäkelt 75
- genäht 70
- gestrickt 75
- Grundschnitt 81
Schürze, Schnitt 69
Stoffpuppen 24ff.
- Material und Werkzeug 22
Strickpuppen 29ff.
- Arbeitsanleitung 29
- Material und Werkzeug 22
Strümpfe
- gehäkelt 75
- genäht 70
- gestrickt 81

Taillendurchzug stricken 77
Tonpuppen 46

Unterrock, genäht 64

Wachspuppe 14
Webrahmen selber machen 83

Zwickel stricken 77

CIP-Kurztitelaufnahme der Deutschen Bibliothek

Damrau, Ursula D.:
Originelle Puppen selbst gemacht /
Ursula Dorothea Damrau. [Zeichn.: Waltraud Berger]. –
München; Wien; Zürich: BLV Verlagsgesellschaft 1987.
ISBN 3-405-13437-4

Satz: Fotosatz Stummer, München
Druck: Appl, Wemding
Bindung: Sellier, Freising

Printed in Germany · ISBN 3-405-13437-4

Bildquellen

Achim Bunz, Windach, Seite 19
Archiv Driskell, Ottobrunn, Seiten 41, 42, 43
Karin Fries, München, Seite 6
Heinz Kaiser, München, Seite 48
Günther Schrupstock, Solingen, Seite 18
Alle anderen: Veronika Nemeth, Haar

Titelfoto: Helmut Bauer, Ingolstadt,
aus: Archiv Driskell, Ottobrunn
Rückseitenfoto: Veronika Nemeth, Haar

Zeichnungen: Waltraud Berger

Quellenhinweis

Zu den »Lieblingspuppen« auf Seite 19:
Bild und Legende wurden dem Buch »Menschenkinder« von Joschi Josephski und Helga Neukum, Issing, entnommen.
Zu Seite 92:
Anna Pichler, Kleine Gratulanten, Ars Sacra, München 1956

Foto Seite 2
Puppen aus der Sammlung Driskell
Von links nach rechts:
Karikatur von Corinne Bignard,
Bauernmädchen von Hilde Inderst,
Holzbaby von Helga Weich,
»Traumfigur« von Regina und Abhinavo Sandreuter,
Büste von Brigitte (»Divina«) Deval,
beschützt durch »Tina« aus den »Visionären Idealen« von Christina Walber